정의는 이긴다

"나는 좌절할때마다 역사를 통해
진실이, 사랑이 항상 이겼다는 사실을 기억한다."

마하트마 간디(Mahatma Gandhi)

배변호사 법조인생

배금자

정의는
결국 이긴다!

,

MBC 〈오변호사 배변호사〉로 인기가 높았던 시절, 나는 한국 밖의 더 넓은 세상을 배우기 위해 미국 유학을 떠났다. 미국에서 3년을 공부하고 귀국하여 담배소송을 시작하였고 15년이 흘렀다. 그동안 정계의 러브 콜이 여러번 있었지만 오직 변호사로서의 외길을 걸었고, 명예, 돈, 권력 보다는 영적인 성장을 위한 구도의 삶을 추구하고자 했다.

조선, 중앙, 동아, 국민, 세계일보, 경향신문, 샘터, 대한변협신문 등에 쓴 수백편의 칼럼과 KBS 해설위원과 불교방송 논평위원으로 있으면서 시사문제를 논평한 것을 최근에 정리해 볼 기회가 있었다. 법조인으로서 올바른 세상을 구현하기 위해 나름대로 노력한 과정과 결실, 삶의 가치관을 공유하고 싶어 그간의 글들을 엮어 몇 가지 유형으로 구분해 보았다.

첫째는 마음 닦기와 도덕성, 고결성을 강조한 글이다. 마음의 고결성이라는 주제는 공자의 〈수신제가치국평천하〉, 석가모니의 〈일체유심조〉에서도 인간의 근본됨의 기초로서 강조하는 것으로 우리나라 지도층의 도덕성이 무너지고 있는 오늘날 참으로 중요한 주제가 아닐 수 없다. '깊고 간절한 마음은 이루어진다' '장자의 싸움닭에서 배운다' '태산과 바다의 가르침' '강북에 사는 행복' '내 마음닦기' '고결성이 중시되는 사회'는 이러한 정신적 가치에 관한 것이다.

둘째는 우리나라의 여성 권익과 전반적인 인권 향상을 위한 문제제기이다. 위안부 문제, 성희롱과 성폭력 방지, 가정과 직장에서의 여성 차별 문제, 소비자 권익 증진, 개인정보 보호 등 다양한 인권문제를 다뤘다. 군산 강제감금 성매매 피해여성의 인권을 위한 투쟁은 성매매방지특별법의 제정을, 가정 폭력방지를 위한 외침은 가정폭력방지법의 제정을 낳았다. 이제는 다양한 인권분야에서 법과 제도가 마련되고 획기적인 인권신장을 이루어진 것을 보면 감회가 새롭다.

셋째는 사법정의 분야다. 법조개혁을 부르짖었던 필자의 책 『이의있습니다』를 1995년 출판한 이후에도 지속적인 사법개혁을 주장했다. '사법정의를 위하여' '법조계의 환골 탈퇴' '세기적 전환과 법조개혁' '사법 불신의 가장 큰 문제' '사법부에도 역성혁명이 필요하다' 등 강도 높은 개혁의 글을 썼다. 전반적인 사법개혁의 속도는 느렸지만, 징벌적 배상제와 집단소송제가 부분적으로 도입되는 성과를 올렸다.

넷째는 담배소송 분야였다. 1998년 미국 하버드 로스쿨 졸업논문으로 '미국 담배소송의 한국에의 적용 가능성'을 써서 A학점을 받은 후 한국에서 처음으로 담배공익소송을 제기했다. 담배문제는 국민의 건강권과 생명권을 다국적 유해기업으로부터 보호하기 위한 인권 문제이다. 15년간의 기나긴 담배소송이 비록 대법원에서 억울하게 패소하였지만 이는 1차전에 불과하다. 건강보험공단이 바통을 넘겨받아 국민을 위해 다국적 유해기업들을 상대로 담배소송을 진행하고 있고, 우리나라에서도 담배소송은 결국 승소하게 될 것이다. 경기도가 제기한 담배화재 피해배상 소송을 이끌어 냈다. 끝내 화재안전담배 제조 의무화라는 쾌거도 이루었다. 세계보건기구(WHO)는 필자의 담배소송을 높이 평가하여 공로상을 주었다. 세계적인 부호 빌 게이츠와 블룸버그는 함께 개도국 담배소송을 지원하기 위하여 기금을 만들었다. 담배소송에 대한 이러한 국제적인 시각이 우리나라에도 확산되었으면 한다.

필자는 약 1만 6,000명의 변호사를 회원으로 하는 대한변호사협회의 '포청천'이라 할 수 있는 징계위원으로 4년째 활동하고 있다. 몇 년 전에는 소비자단체와 농민단체로부터 대법관 후보로 추천되는 과분한 영광도 누렸다. 1988년 부산지법 판사로서 법조인생을 시작하여 로펌에도 근무하였지만 기득권을 버리고, 개업변호사로서 수십년간 인권, 생명권 등 국민의 권익 수호를 위한 무료공익소송에 대부분의 삶을 바쳤다. 그러다 보니 사악한 기업권력의 음해와 공작으로부터 가족이 전부 온갖 고통을 당하는 피해를 입고 있다. 하지만, "나는 좌절할 때마다 역사를 통해 진실이, 사랑이 항상 이겼다는 사실을 기억한다."고 한 마하트마 간디의 신념을 되새기며, 이 글을 정리하였다. 악의 무리가 일시적으로는 이길 수 있어도 결국에는 정의가 이긴다.

북한산의 기운을 받고 있는
북악산과 인왕산 기슭 청운동 자택에서

7

이 사회의
어둠을 밝혀주길...

,

배 변호사님은 이미 유명하지만, 정작 우리 법조계에서는 그의 진정한 모습이랄까, 진가를 아는 사람은 드문 것 같다. 물론, 그가 쓴 책『이의 있습니다』(문예당, 1995)『인간을 위한 법정』(책, 1999)『법보다 사람이 먼저다』(더북컴퍼니, 2005)를 읽어 보면 모범적인 법조인으로서 법정을 통해서 타성을 넘고 어두운 세상을 넘어서려는 그의 정성스럽고 진실한 추구를 넉넉히 엿볼수 있다.

남성위주의 사회에서 여성으로서 혼자 거대한 공권력, 사익만을 강조하는 사회세력, 여성에 대한 편견에 대항하여 맹렬히 싸운다는 건 쉬운 일이 아니었다. 법정에서는 법을 통한 고발로, 법정 밖에서는 매운 글로 상대를 공격하였다. 아무도 도와주지 않는 도움이 필요한 사람들을 위해서.

군산 윤락가화재참사 국가배상소송, 반필숙 사건(증인보호의무 위반에 따른 국가배상소송), 김보은 사건, 김부남 사건, 우조교 성희롱 사건 등 소송에서의 헌신적이고 매서운 변론활동은 대단했다. 이를 통해 '차별에서 평등으로'라는 여성운동의 목표가 가시화되고, 이와 관련된 법원의 판결이 성폭력특별법 제정 등 세상을 바꾸는 도화선이 되기도 하였다. 또한 황우석 줄기세포 특허 지키기 운동에 앞장서서 〈추적60분〉 공개소송, 국민의 건강권을 지키기 위한 담배소송, 종군 위안부 문제 등을 포함하여 그녀가 관여하는 수많은 공익소송은 늘 감추어진 어떤 '거대한' 진실의 꼬리를 드러내곤 했다.

누구든지 힘센 상대와 사회의 딱딱한 편견에 맞서 싸우다 보면 그 분야에 대한 뛰어난 실력을 갖추게 된다. 독하게 대응하지 않으면 죽도 밥도 안된다. 상대의 공격도 만만치 않기 때문이다. 1998년 미국 하버드 로스쿨 졸업 논문 「미국 담배소송의 한국에의 적용 가능성」은 드물게 GRADE A를 받았다. 그리고 사건준비를 위해 국내외 자료를 섭렵한다. 〈배 변호사 오 변호사〉라는 최초의 법률 토크쇼로 세상이 주목할 때 과감히 이를 떨치고 공무원인 남편과 함께 미국 유학길에 오른 뒤 어떻게 성공했고, 1999년 입국한 뒤 더 좋은 사회를 위한 활동이 어떠했는지 직접 들은 적이 있다. 그 후 국내외 활동으로 서울지방변호사회에서 공익봉사상(2004), WHO(세계보건기구)에서 공로상(2006년 5월) 등을 받았다.

그런데 오랜 지인으로 필자가 지켜보기로는, 마치 처참한 전투에서 상처를 입은 전사처럼 그도 법정 내외에서, 오해와 편견, 어떤 때는 질시와 모함을 받아 마음의 상처를 입기도 하는 것 같다. 그러나 그는 착한마음을 간직한 사람이다. 아내요, 어머니로서의 자기 역할에도 충실하다. 그는 역사도 사회도 우리의 마음을 닮는다고 말한다. 미국유학 후 돌아온 뒤로 그는 마음을 다스리기 위해 자주 사찰을 찾는다고 한다. 독실한 불교신자로서 구도의 삶을 추구하는 것이다. 아름다운 인생을 위하여 자신의 '본래면목'을 찾고자 침잠하는 배금자 변호사, 그는 훌륭한 법조인이다.

그의 깊고 간절한 마음이 성취되어 불경『현우경賢愚經』의 '빈녀난타貧女亂陀'의 일등처럼 이 사회의 어둠을 계속 밝혀주길 바란다.

변호사 임통일

서울지방변호사회지「칭찬합시다」코너에 쓴 글

차례

프롤로그 • 4

추천의 글 • 8

고결성이
중시되는
사회

아름다운 마음을 가진 사람들 • 18

'몸'만 받들고 '마음'은 홀대 • 22

깊고 간절한 마음은 이루어진다 • 26

우리가 고쳐야 할 것들 • 30

지도층이 워낙 썩다보니 • 34

포르노 거부하는 사람들을 위한 변론 • 38

인생은 자신이 만든다 • 42

거짓말 천국 • 46

장자의 싸움닭에서 배운다 • 49

태산과 바다의 가르침 • 53

내 마음 닦기 • 57

강북에 사는 행복 • 61

고결성이 중시되는 사회 • 66

어떻게 살 것인가 • 70

PART
02

인권과
여성권익
디딤돌

위안부 진상 얼버무리려는 일본 • 78

'성희롱' 문제의 본질 • 82

가정폭력방지법 제정하라 • 87

여성의 취업조건 • 92

문민 인권정책 어디로 • 97

성희롱 항소심에 대하여 • 101

성역할 고정관념을 깨야 • 105

노근리와 위안부 • 108

왜, '메건스 로'가 필요한가 • 112

어린 딸들이 통곡하고 있다 • 116

윤락여성의 '채무'는 무효다 • 120

방송진행자 성차별 시정돼야 • 124

여성 억압하는 가부장적인 행태 • 129

경찰 직무유기 드러난 '감금매춘' 국가배상판결 • 133

외국여성 인권 눈감은 나라 • 136

첩과 둘째 부인 • 140

시누이에 순종 안한 죄 • 143

이혼법정 억울한 여성, 아직 많다 • 147

결혼과 돈 • 150

혼전계약제, 민법개정안에 포함돼야 • 154

혼인, 계약관계로 전락하다 • 158

PART 03

사법정의를
위하여

사법정의를 위하여 • 164

안락사 논쟁 남의 일 아니다 • 168

대법원장 선출 국민검증 강화를 • 171

우리에게 법이 있는가 • 175

법조계의 환골탈퇴 • 179

징벌적 배상의 위력 • 183

정보 프라이버시 존중돼야 • 187

억울함이 많은 나라 • 191

피고인 방어권 존중돼야 • 195

사법司法결함, 이대론 안된다 • 199

헌법을 지키지 않은 대통령들 • 203

집단소송제 왜 필요한가 • 206

검찰 인사위人事委부터 구성하라 • 210

의뢰인을 보호하라! • 214

'배짱 채무자' 줄이는 길은 • 217

소수의견 • 221

나이차별 논쟁 • 223

전관예우 반드시 없애야 • 225

법관 '비리 관행' 심판대에 올려라 • 229

사법불신의 가장 큰 문제 • 233

개인정보유출 방지대책 시급하다 • 236

건국60년, 재도약의 기회로 삼자 • 239

집단소송이 보내는 메시지 • 242

국가란 무엇인가 • 246

법관에게 표현의 자유가 없는 이유 • 250

세월호 범죄 혐의자 신원 공개하라 • 254

사법부에도 역성혁명이 필요하다 • 258

PART
04

담배소송
결국
이길것!

담배로부터의 청소년 보호 • 264

담배공사 쥐꼬리 건강부담금 • 267

담배소송에 깃든 깊은 뜻 • 271

간접흡연의 심각성 • 275

유감 남긴 '담배 판결' • 279

담배소송 판결에 이의 있다 • 283

담배문제, 인식전환이 필요하다 • 287

담배소송 험난하지만 진실이 승리할 것 • 291

담배회사는 그동안 무슨 짓을 해 왔는가 • 297

담배는 인권문제 • 303

담배회사에 책임을 묻는 이유 • 307

라면 발암물질은 NO, 담배는 YES인가 • 312

신문컬럼 • 방송논평 리스트 • 318

'고결성'을 중시하는 국가 사회를 만들지 않고는 부패를 척결하기 어렵다.
존중받는 국가는 더욱 요원하다
'죽는 날까지 하늘을 우러러 한 점 부끄럼이 없기를
잎새에 이는 바람에도 나는 괴로워했다…'고 읊은
해맑은 시인 윤동주의 고결성이 더욱 그립다.

PART 01

고결성이
중시되는
사회

선진국에서는 '인테그리티(integrity)' 라는 단어를 매우 강조한다. 윤리 관련 규정과 부패 방지 법규에는 이 단어가 꼭 등장한다. 주로 '청렴성'으로 번역되지만 '고결성'이 더 적합할 것 같다. "고결성만큼 신성한 것은 없다."(에머슨). "고결성은 말에서 나오는 게 아니라 행동에서 나온다."(베이컨) 등 고결성을 강조하는 경구가 많다.

아름다운 마음을 가진
사람들

———

　　　　　　　　　　"당신의 힘을 느껴보십시오. 당신이 세상을 바꿉니다." "당신이 OO재단에 고귀한 목적을 위해 OO의 돈을 유산으로 남긴다는 한 문장이 더 나은 세상을 만드는 데 도움이 됩니다." 이는 미국의 어느 시민단체(NGO)가 시민들의 참여와 기부를 권유하기 위해 사용하는 문구다. 미국에서는 이것이 허망한 구호가 아니다. 실제 미국은 시민들이 세상을 바꾸어 왔고 그 때문에 시민의 힘이 정말로 강한 사회다.

　　미국의 시민단체는 120만 개, 기부금 액수는 국민총생산(GNP)의 7%에 달한다. 시민단체의 활동 영역도 정말 다양하다. 인종차별,

WHO 전문가회의 참석 (스위스제네바, 2006년 9월)

성차별, 소수인종 문제, 피의자 인권, 장애인, 노인복지, 사형수 문제, 홈리스 문제, 납세정의, 의회 감시, 공익소송, 무료변론, 소비자 문제, 환경 문제, 부패방지, 내부고발자 보호 등 수없이 많다. 미국의 시민운동이 활발한 배경은 많은 시민들이 자원봉사자로 적극 참가하고 대부분의 시민들이 시민단체에 기부금을 내는 것이 생활화되어 있기 때문이다. 어릴 때부터 이웃과 사회에 대한 봉사정신을 체득케 하는 교육과 시민단체에 내는 기부금에 대한 세제혜택 등 제도적 뒷받침이 큰 힘이라고 생각한다.

우리나라의 시민단체는 현재 2만 개 수준인데, 이는 96년 9,000

여 개에 비해 2년 만에 배이상 늘어난 수치로 우리 시민운동이 고속 성장을 해온 것을 보여준다. 1999년 10월에 NGO의 세계적 축제가 서울에서 열린 것도 우리 시민단체의 역량이 커졌기 때문이다. 지금은 환경보호·인권 등 여러 분야에서 국가와 권력을 공유하거나 국가를 대신할 수 있는 새로운 주체로서, 또 세계적으로 NGO의 중요성이 어느 때보다 강조되고 있는 때다.

최근 KBS TV에서 방영한 〈시민의 힘이 세상을 바꾼다〉는 프로는 그동안 시민단체의 활동이 다양해졌고 시민들의 의식이 높아졌다는 것을 보여 주었다. 참여연대 등의 단체가 주도한 소액주주권 운동이나 의정감시 활동, 환경운동연합 등의 단체가 주도한 동강 살리기 운동은 흔히 언론을 통해 보아왔던 내용이다. 이는 지역사회 곳곳에 펼쳐지고 있는 수준 높은 다양한 시민운동이다. 청주 시민들의 우리나라 최고 금속활자 직지원본 찾기 운동, 대구 시민들이 벌이는 담장 허물고 아름다운 공간을 이웃과 함께 나누기 운동, 부산 시민들의 장애인·임신부·노인 등 교통약자를 위한 교통편의시설 조사운동, 낙동강 감시단 발족, 자동차 오래 사용하기 운동, 저소득층 아이들 교육을 하는 직장인들의 모임 등 참으로 뜻깊은 운동을 우리나라 시민들이 하고 있다. 필자가 알고 있는 사람중에도 퇴직 후 장애인들을 돌보는 사람, 직장에 다니면서 외국인 노동자를 돌보며, 거리의 부랑자에게 식사를 제공하는 헌신적인 사람도 있다.

어디 이뿐이랴. 평생 삯바느질 등으로 고생하며 번 수억 원대의 돈을 병원이나 대학에 장학금으로 흔쾌히 내놓는 할머니들, 재난이 날 때마다 이름도 밝히지 않고 큰 돈을 기부하는 따뜻한 마음을 가진 사람들이 얼마나 많은가. 또 인권단체·여성단체 등 여러 사회단체에서 거의 무보수로 고학력의 젊은 인생을 바치는 상근 사회운동가들, '아줌마는 나라의 기둥'이라며 사회에 적극 참여와 봉사를 외치는 참아줌마들…. 정말로 우리 사회에도 이렇게 가슴이 따뜻하고 의롭게 살아가는 사람들이 많다는 것을 실감한다.

언론문건, 옷뇌물, 인천 호프집 사건 등으로 나라가 부패하고 정치권이 썩어 보여도 이런 아름다운 마음을 지닌 시민들이 있기에 우리사회는 조금씩 나아져 왔고 앞으로도 더 나아질 수 있는 희망이 있다. 마치 "기차소리 요란해도 / 기찻길옆 오막살이 / 어린이와 옥수수는 잘도 큰다"는 동요처럼 진실로 아름다운 마음은 우주 끝까지 아니 닿는데 없으며 우리사회를 지탱해 가는 힘인 것이다. 이런 사람들이 "자기가 태어나기 전보다 세상을 조금이라도 살기 좋은 곳으로 만들어 놓고 떠나는 것, 자신이 한 때 이곳에 살았기에 단 한 사람의 인생이라도 행복해지는 것, 이것이 진정한 성공이다."라고 말한 어느 시인의 말처럼 진정으로 성공한 인생을 사는 사람들일 것이다.

'몸'만 받들고
'마음'은 홀대

요즘 뉴스를 볼 때마다 자신의 직업에서 최상의
자리에 오르거나 막강한 권력을 가진 사람들의 행태에 대해 실망이
크다. 소위 '지도층' 사람들이 고도의 직업윤리에 부합한 행동으로
모범이 되기는 커녕 지탄과 분노의 대상이 되거나, 때로는 국민에게
절망감을 안겨주니 안타까운 일이 아닐 수 없다.

법무부 장관 등 엄정한 법집행을 해야 할 최고책임자들이 자신과
관련된 사건을 마음대로 은폐, 축소하고, 자신의 행동을 감추기 위
해 눈 하나 깜짝 않고 거짓말을 한다. 지성의 전당이라는 대학 교수
들까지 돈을 받고 부정입학시키고, 공사업체로부터 돈을 받고 허위

평가를 한다.

이들 교수 중 "한 사람도 뇌물을 거절하는 사람이 없더라"는 업자의 말은 충격적이다. 돈이라면 자신의 영혼이라도 팔 지도층이 많으니 아랫물이 혼탁해도 나무랄 명분이 없다.

구조적 비리와 총체적인 도덕의 타락에 대해 개탄하고 의식과 제도개혁을 부르짖어온 적이 한두 해가 아니다. 정권과 사람이 바뀌어도 변함없는 이유는 무엇인가. 물신주의가 팽배하기 때문이다. 이런 문제의 공통원인은 재물·권력·명예에 대한 끝없는 탐욕심과 어리석음이다.

이런 것을 한꺼번에 보장해 주는 출세가 인생의 최대목표가 됐고, 출세를 위해서는 수단과 방법을 가리지 않는 풍조가 만연됐다. 이들에겐 '정도'라든가 '올바른 마음' '고귀한 인격' '순수한 영혼' 과 같은 정신가치는 별로 중요하지 않다.

돈과 권력을 위해서는 하루아침에 마음을 바꾸거나 양심을 파는 것은 아무렇지도 않다. 출세의 지름길이 된 일류대에 가기 위해 뇌물이든 고액 불법과외든 가리지 않는 것이 이들이다. 이런 방식으로 자라난 아이들이 출세길에서 성공해 상류층을 형성하는 사회를 생각해 보라. 재물과 권력은 옳게 사용할 때 존중받고, 명예는 봉사하다 보면 저절로 오는 법이 아닌가.

진짜 현명한 사람들은 남을 돕고 사회에 유익하게 하는 일에 관심이 있을 뿐, 옳은 일을 하고도 그에 대한 결과조차 바라지 않는다. 현자는 사회에 유익한 일을 하고 자신의 마음을 갈고닦는 내면적 가치를 추구하는 일이 인생목표다.

다행한 일은 우리 사회에도 이런 정신가치에 우위를 두고 살아가는 사람들이 많다. 종교적 신념에 따라 마음차원을 높이는 사람들과 소박한 보통시민들한테서도 더욱 많이 발견한다. 묵묵히 직분에 충실한 공직자들, 박봉에도 남을 돕고 사는 서민들, 더 나은 사회를 위해 열정을 다하는 시민운동가들, 평생 어렵게 번 재산을 장학금으로 내놓는 할머니들…. 유명인 중에도 이웃을 돕는 일에 앞장서는 사람이 많다.

어느 시인이 수필집에서 강아지 이름을 '마음' 이라고 지은 이유를 말하는 대목이 인상깊다. 사람은 몸과 마음으로 이루어졌는데, 요즘 사람들은 몸만 받들고 마음을 홀대하기 때문이란다. "마음 있니?" 라고 개이름을 부를 때마다 자신의 마음을 돌아볼 게 아니냐는 것이다. 최근 외국인 스님이 지은 『만행(萬行)』이라는 책에는 예일대, 하버드대 등 일류대학을 나와 최고의 직업을 가질 수 있었던 수재들이 한국에 와서 스님이 되는 등 무소유로 구도의 길을 밟는 사람들이 소개되고 있다.

왜 이들이 세속적 성공을 다 버리고 마음을 닦는 인생을 사는가를 생각해 보라. 평생 고통받는 이들의 등불로 살아온 고(故)김수환

추기경도 자서전에서 "가난한 사람들과 폐병말기 환자 등 정신적·육체적으로 어려운 사람들과 같이 살아보지 못한 것이 후회된다"고 적고 있다.

　평생 좋은 일만 하고도 부족하다고 느끼는 사람도 많은데, 자신의 욕망만을 추구하며 살아가는 사람들은 인생의 마지막에 무엇을 느낄지 궁금하다. 오늘날 출세한 사람들이 벌이는 불의와 비리의 파노라마를 보면서 이제 우리의 마음과 영혼도 돌아보자는 말을 하고 싶다.

　"위대한 사람은 정신의 힘이 어떤 물질적 힘보다 더 강하고 마음이 세상을 움직인다는 것을 아는 사람"이라는 어느 시인이 남긴 말을 물신주의자들에게 바친다.

깊고 간절한 마음은
이루어진다.

―――

"깊고 간절한 마음은 우주 끝까지 아니 닿는데 없다." 이는 간절한 마음을 일으키면 그대로 이루어진다는 어느 큰 스님의 말씀이다. 나는 인생에서 몇 번의 중요한 고비마다 이를 체험했다.

나는 어릴 때부터 '정의의 여신' 처럼 의로운 일을 하는 판사가 되겠다는 꿈을 가졌다. 농촌에서 방과후 소를 몰고 산으로 풀을 먹이러 다니는 일은 아이들 몫이었다. 그때마다 산 이곳 저곳에 나뭇가지로 '대법원 판사 배금자'라고 써보면서 판사의 꿈을 키웠다. 그러나 우리 집 형편상 대학은 꿈도 꾸지 못할 상황이었다. 그래서 실업

계 고교를 진학했지만, 2학년 때 결단을 내려 대학을 가기로 했다. 대학에서는 학비와 생활비를 벌기 위해 여러 군데서 아르바이트를 하느라 고시 공부를 일찍 시작할 수 없었다.

많은 힘든 과정을 거쳐 사법시험에 합격하고 판사가 되었다. 법정의 높은 법대 위에 앉아 남을 심판하는 일이 얼마나 어려운 일인가를 알게 되었다.

인생 경험도 일천하고, 사물을 지혜롭게 판단할 성숙된 인격도 갖추지 않은 채 교과서만 읽고 판사가 된 느낌이었다. 일년 반 만에 법복을 벗었다. 법복을 벗던 날, 나는 위로 향하던 집착에서 벗어나는 자유를 맛보았다. 어린 시절의 꿈은 판사라는 '직위'가 아니라, 불의를 바로잡기 위해 노력하는 '올바른 삶'이었다는 생각을 하게 되었다.

나이 40을 앞둔 때에, 한창 변호사 사무실이 잘 될 때, 사무실 문을 닫고 미국으로 공부하러 떠났다. 정신대 문제를 다루면서 드넓은 국제무대에 나가려고 시야를 넓혔다. 선진국에서 법 공부를 해보고 싶었다. 사실 대학 시절부터 유학의 꿈을 키웠다. 〈하버드 대학의 공부 벌레들〉이란 영화에서 뛰어난 교수와 학생들간에 벌어지는 수준높은 토론식 강의가 신선한 충격을 주었다. 언젠가 나도 저곳에서 저런 수준의 공부를 하고 싶다는 마음이 간절했다. 내게 주어진 현실은 그런 꿈을 달성하기에는 불가능한 상황의 연속이었다. 하지만 단호한 결단을 내렸다. 주어진 현실을 박차고 일어났다. 결국 나는 그 꿈을 20년이 지나 이루었다. 중년의 나이에 유학을 가서 하버드 로스쿨을 졸업, 미국 변호사시험 합격에 이르기까지 극복해야 할 어려움은 정말 많았다. 그런데 나는 물질문명이 고도로 발달된 미국에 가서 오히려 정신적 가치를 우위에 두는 삶의 중요성을 깨달았다.

한창 활동하다가 모든 것을 버리는 마음으로 미국에서 학생이 되어 배움의 길을 다시 시작하면서, 가난하고 외롭고, 힘든 생활을 체험한 것도 나를 돌아보게 된 계기가 되었다. 하지만 근본 원인은 불교에 입문하여 마음을 닦는 내면의 길을 알게 되었기 때문이다.

한국에 돌아왔을 때 눈에 보이는 어떤 것을 성취하고자 숨가쁘게 달려온 삶에서 많이 벗어나 있었다. 세상에 유익한 일을 묵묵히 하는 것, 자신의 내면을 끊임없이 주시하면서 탐욕, 성냄, 어리석음과 같은 세속의 껍질을 한꺼풀씩 벗겨내는 것, 우주의 모든 살아 있는 생명을 위하여 큰 자비심을 키워나가는 것이 가장 중요한 삶이 되었다.

돌이켜보면 내 마음속 깊은 곳에 '참 나(眞我)'라는 안내자가 있어 중요한 고비마다 과감한 결단으로 올바른 길로 잘 이끌어 온 것을 느낀다. 정신적 가치를 추구하는 삶으로 발을 들여놓으면서 나는 수많은 스승을 만났다. 하지만 요즘은 내가 만나는 모든 사람은 물론, 만물만생이 다 스승이다. 결국 우리 모두는 하나다. 세속적인 자격증 같은 것도 올바른 일을 하는 데 사용하라고 주어진 것 임을 깨닫는다.

순수하고 간절한 마음은 반드시 이루어진다. 독자분께도 이런 확신을 선물로 드리고 싶다. 여러분이 간직한 아름다운 꿈이 이루어지길 기원한다. 미래학자 앨빈 토플러는 "미래는 인간의 평가잣대가 도덕지수가 될 것"이라고 예측했다. 내가 바라는 희망은 정신적, 도덕적인 삶을 추구하는 사람들이 지구를 가득 덮는 것이다.

우리가
고쳐야 할 것들

월드컵(2002년)을 한 달 앞두고 기초질서 지키기 캠페인이 한창이다. 우리나라 사람들이 기초질서와 공중도덕 의식이 아주 낮다는 것과 외국인들이 우리나라에 가장 실망하는 것도 이 점이라는 사실 등이 지적된 지가 한두 해가 아니다. 사실 기초질서와 공중도덕은 초등학교만 졸업하거나 가정교육만 제대로 받아도 기본은 갖추게 된다.

그런데 OECD(경제협력개발기구) 가입국인 우리가 아직도 이런 문제로 고민하며 국제행사를 앞두고 캠페인까지 벌여야 하는 상황이니 부끄럽기 그지없다.

얼마전 서울시가 인터넷을 통해 어린이를 대상으로 설문조사한 결과 72.4%가 어른들이 기초질서를 지키지 않는다고 답변했다고 한다. 부패공화국, 타락공화국으로 일컬어지는 이 사회의 많은 문제도 어른들이 만든 것인데, 기초질서 문제도 결국 어른들에게 책임이 있음을 통감케 한다. 자기와 자기 가족 밖에 모르고, 공공장소와 사적 공간을 구분하지 못하고, 타인을 존중하고 배려하는 의식이 부족하다는 것이 대표적으로 지적되는 문제다.

구체적 사례를 들면 다음과 같다. 관공서나 은행 등 접수창구(번호표 발부 없는 경우)에서 순서가 된 사람이 일을 하는 도중에, 다른 사람들이 순서를 기다리지 않고 창구에 다가와 새치기로 자기 일을 해결하고 가는 일이 비일비재하다. 비단 외국사람들 입장에서 볼 때뿐만이 아니라 이것은 순서가 된 사람의 권리를 침해하고 인격을 무시하는 행위로 몹시 불쾌한 상황이다.

우리나라 사람들은 자기밖에 모르고 참을성이 없는 경우가 너무 많다. 슈퍼마켓에서 물건을 구입하고 계산대에서 줄을 설 때, 뒤에 있는 사람이 앞사람을 보고 계산할 물건이 많다고 "어휴 언제 끝나지, 난 바쁜데." 하면서 안달하고 투덜거리는 경우도 많이 보았다. 외국에선 상상하기 힘든 일이다. 지하철에서 일어나는 무례한 행동은 너무 많다. 한국 남자들은 앉았다 하면 무엇을 자랑하듯이(?) 다리를 쫙 벌리고 앉는다. 이것은 여성들에게 너무 모욕감과 불쾌감을 주는 행동이다. 지하철에서 큰 소리로 일행끼리 대화하고 휴대전화에 목청을 높여가며 제 집 안방처럼 행동하는 무례한 여자들도 물론 문제다.

식당에서 자리에 앉자마자 '빨리 가져오라'고 고함지르는 손님들, '화장실(toilet)용' 두루마리 휴지를 내놓는 것 등은 식당 에티켓의 문제로 가장 많이 꼽힌다. 아직도 냅킨과 화장실용 휴지를 구분하지 못하는 식당 주인들이 이렇게 많은 것이 이해되지 않는다. 외국에선 마주치면 미소를 짓고, 출입문을 열 때는 뒤따라 들어오는 뒷사람을 위해 문을 열고 기다려 주는 행동이 몸에 배어 있다. 우리나라에서 이런 것을 기대했다가는 큰코 다치기 십상이다. 뒤에 사람이 따라오는데도 다치거나 말거나 나만 들어가고 문을 확 놓아버리고 가버린다. 엘리베이터에 같이 타도 인사는 커녕 미소조차 없다. 마치 단단히 화가 나있는 모습이 많다고 한다.

우리나라를 방문했을 때 제일 먼저 불쾌한 인상을 갖게 된다는 택시의 경우를 보자. 택시기사가 담배를 피워 담배 연기가 가득한 상태로 손님을 태우는 경우, 손님을 태우고 운전 중에 손톱을 깎는 기사, 지저분한 머리와 옷차림으로 슬리퍼를 신은 채 운전하는 기사, 라디오를 크게 틀어놓고 고막이 아플 정도로 시끄러운 상태로 손님을 태우고 혼자 라디오에 푹 빠져 즐기는 기사, 그 밖에 합승, 승차거부, 난폭운전 등 문제가 너무 많다.

외국은 주택가의 주거환경이 보호되고 있으며, 퇴근 후 빨리 귀가하여 저녁은 가족과 함께 시간을 보낸다. 우리는 주택가와 상업지역의 구분이 없고 도시 곳곳이 음란시장이다. 벌거벗은 여자들 사진을 담은 전단들이 매일 승용차에 끼워지고 곳곳에 뿌려진다. '안마' '마사지'라고 되어 있는 대형 형광등과 이동식 입간판이 대로변과 골목 곳곳에 있다. 한국은 퇴근한 후 남자들이 귀가하지 않고 이런 업소에서 밤늦도록 시간을 보내는 경우가 많다.

우리가 흔히 '졸부'라는 말을 사용할 때 그것은 '돈만 있지 인격이나 교양 등은 별로'라는 부정적 의미를 내포한 경우가 많다. 외국인들이 우리나라에 대해 느끼는 이미지가 졸부 이미지와 비슷하다고 한다. 국내를 뒤덮고 있는 부패와 도덕적 타락의 실상과 맞물려 기초질서와 공중도덕 수준마저 형편없다는 평가를 국제사회로부터 받는다면, 이는 국가 이미지, 나아가 국가 경쟁력면에서도 여간 손해가 아니다. 국민의식 수준, 사회 수준, 나라의 수준을 끌어올리기 위해 도덕성 회복 운동과 함께 기초질서 운동이 절실히 요구된다.

고령사회의 중산층 사회

33

지도층이
워낙 썩다보니…

요즘 일어나고 있는 현상들은 우리나라가 도덕이 무너지고 정신가치가 밀려나는 심각한 우려를 낳게 한다. 정치적 사건에서부터 사회현상에 이르기까지 도덕성의 타락과 관련되지 않은 것이 없다.

대북 비밀 송금사건의 경우도 그렇다. 대통령이 국민의 대표인 국회를 속이고, 대통령과 측근이 밀실에서 온갖 불법을 동원하여 우리를 향해 총칼을 겨누고 있는 북한에 엄청난 돈을 갖다 바치고, 이것이 드러날 것이 두려워 계속 거짓말을 하고 은폐하였다.

당시 대통령 비서실장은 국회에서 선서까지 한 후 "1달러도 준

일이 없다"고 했었고, 감사원의 감사로 일부 실체가 드러나자 대통령은 통치행위라면서 수사를 못하게 하였다. 이런 행태로 대통령은 스스로 도덕성과 자신에 대한 신뢰를 추락시켰다.

우리의 성매매산업의 규모가 나라의 농림어업 분야 총생산 규모와 맞먹는 24조 원에 달한다고 한다. 보도방과 인터넷 등을 통한 성매매, 청소년 원조교제 등의 성매매는 포함되지 않은 수치인데도 이 정도다. 전국은 불륜장소로 둔갑한 러브호텔로 뒤덮였다. 성매매와 불륜행각이 창궐하고, 향락과 쾌락문화가 만연되면서, 성도덕 불감증과 에이즈 등이 급속히 확산되고, 가정이 붕괴되고 청소년 비행 문제가 연쇄적으로 발생한다.

우리는 지금까지 물질문명의 발달로 인한 외부 환경에서의 공해 문제에는 많은 관심을 가져왔지만, 정작 우리 내면의 정신타락으로 초래되는 의식차원의 질적인 저하, 도덕성의 타락에 대해서는 무감각해졌다. 일반 국민들도 도덕적으로 무너지고 있다.

정부가 부추긴 전국 도박판 열풍은 어떠한가? 정부가 1998년 6월에 설립 허가한 강원랜드, 2002년 12월에 허가한 로또복권은 전국에 도박의 광풍이 불게 하고 있다. 사행심과 한탕주의가 팽배하고, 로또복권 발행 이후로 기부까지 줄고 있으며, 카지노·경마 등 정부가 허가한 도박으로 가정까지 파괴되는 사례가 속출하고 있다. 아무리 수입금을 공익사업에 사용한다 해도 국민의 정신을 타락시키고 건전한 근로의식을 무너뜨리고 도박중독으로 가정까지 파산시키는 돈을 재원으로 한다면 이는 얼빠진 정부라 하지 않을 수 없다.

최고지도자에서부터 일반 국민에 이르는 부정직함과 도덕성의 타락, 물신주의와 한탕주의가 팽배하는 원인은 이 땅에 오랫동안 부패와 비리가 만연되고, '원칙과 정도'가 실종된 정치사회 현상과 밀접한 관계가 있다. 나라를 이 지경으로 만든 데 가장 큰 책임이 있는 계층은 대통령을 비롯한 권력층·상류층·지식인·언론인 등 소위 '사회지도층'이다.

역대 대통령과 측근들이 저지른 탐욕과 부도덕한 모습들이 국민들에게 끼친 폐해는 너무나 크다. 독재정권과 투쟁하다가 인권대통령으로 취임한 대통령마저 그 자식들과 측근들이 보여준 행태는 군사정권보다도 어떤 면에서는 국민들에게 더 큰 배신감을 안겨주었다. 오죽했으면 김수환 추기경이 어느 신문과의 인터뷰에서 "우리 사회의 도덕성 회복이란 매우 간단한 문제입니다. 대통령이 처먹지만 않아도 우선 국민에게 버림을 당하지는 않습니다. 주변의 친인척 모두 처먹지 말아야 하며, 그를 당선시키는 데 기여한 모든 자들이 처먹지 말아야 합니다."라고 했겠는가?

최고지도자들이 썩고 거짓말하는데 어떻게 학교에서 도덕을 가르칠 수 있겠는가? 우리나라가 성산업이 번창하고 도덕적 타락이 만연한 데는 사회지도층 남자들이 향응 접대문화에 길들여져 있으며, 성적서비스를 받는 것에 죄의식은 커녕 부끄러움조차 없는 자들이 수두룩한 것도 큰 원인이라고 본다. 언론도 말로만 도덕적 타락 현상을 개탄할 것이 아니라 사회지도층이 당장 성적 서비스와 연결된 업소 출입을 삼가는 캠페인이라도 벌이고, 공중파 방송은 저질 프로그램을 청산하는 혁신을 단행하는 것이 올바른 태도일 것이다.

정부가 진정 강한 국가건설, 부패 없는 사회 구현을 생각한다면 그 어떤 물질적 힘보다 강한 도덕성과 정신적인 가치를 우위에 놓는 정책을 펼쳐야 할 것이다.

포르노 거부하는
사람들을 위한 변론

―――

우리 사회는 최근 포르노에 대한 가치판단의 혼란에 직면해 있다. O양의 섹스비디오에 탐닉한 사람들, 서모 씨와 김모 씨가 성체험을 공개하는 책을 펴내면서 하는 주장과 이에 대한 시민과 언론의 반응을 지켜보면서 나라의 장래를 걱정하지 않을 수 없다. 우리 사회가 언론자유와 성의 자유라는 미명 아래 무분별한 성적 쾌락을 합리화하고 청소년 보호를 소홀히 하며, 도덕과 종교적 윤리는 '보수주의' 혹은 '남성 이데올로기'라 하여 배척당하고, 포르노는 여성이 남성과 동등한 성의 자유를 누리는 것이라고 하는 등 갈팡질팡하고 있기 때문이다.

성적 쾌락을 찾는 사람들이 큰소리치고 이들이 용감하다고 하는 것은 실로 어리석고 사회를 타락하게 만든다. 동물계에도 성본능은 때가 있고 일부 동물은 짝짓기를 통해 분별있는 성생활을 하는데, 인간세계가 성욕구가 발동될 때마다 쾌락만 좇는 사람들로 가득하다면 인간이 동물보다 낫다고 할 수 있을까? O양의 비디오는 공개용이 아니라 사생활이 노출된 것이므로 일반인은 볼 권리가 없다. 보겠다고 하는 것은 피해자의 사생활 침해에 가담하는 무자비한 짓이다. 또한 O양 비디오 내용은 노골적 성행위를 담은 것으로 성인도 볼 권리가 없는 음란물이다.

서씨와 김씨의 책은 청소년에게 팔 수 없는 성인용 외설물이다. 이들이 자신들의 성체험을 공개하고 싶다면 처음부터 어른들에게만 공개했어야 옳다. 누드집과 같이 외설 포르노를 별도 취급하는 판매대 위에서 관심있는 성인들에게만 사게하면 될 것을 또 우리 언론은 왜 그리 떠드는가? 도대체 우리나라 언론이 '황색언론'인가?

김씨와 서씨의 책에 대한 당국과 방송국의 엇갈리는 대응태도도 문제다. 김씨의 책도 서씨의 책에 비해 성편력과 성행위 묘사에서 결코 뒤떨어지지 않는 외설물인데 김씨의 책은 지금도 버젓이 청소년에게 팔리고 있고 얼빠진 방송국마다 그를 '모시고' 있다. 반면 서씨의 책은 언론에서 떠들자마자 당국은 즉각 '청소년 유해물' 판정을 하고 방송국은 그녀에게 출연정지 결정을 내렸다. 이것이 바로 남성과 여성의 성 고백에 대한 우리 사회의 이중 잣대이기 때문에 서씨가 마치 여성의 성자유를 억압한 사회에 반기를 든 용감한 (?) 사람으로 평가되는 이유다.

혹자는 성쾌락권을 주장하는데, 남자들의 성쾌락권이 보장되지 않았던 때가 있었던가? 조선시대에는 축첩, 기생 등으로 남자들은 성의 자유를 만끽하였다. 지금도 우리나라 만큼 남자들이 성을 쉽게 사는 섹스산업이 번창하고 러브호텔이 즐비하여 불륜장소로 제공되는 나라도 드물다. 젊은 여성 10명 중 한 명이 매춘여성인 나라가 이 나라다. 또 우리만큼 청소년이 어른의 성욕의 대상으로 제공된 나라도 드물다. '영계'니 '원조교제'니 하면서 성욕에 눈 먼 어리석은 어른들이 딸같은 어린 여학생을 성쾌락의 대상으로 삼고 있다. 태국이 어린이 매춘으로 악명이 높지만 이용객의 90%가 외국인인 반면 우리는 이용객의 99%가 내국인이라고 한다. 부끄럽기 짝이 없다.

선진국에서 성의 자유는 매춘이나 도덕적으로 무분별한 성쾌락 추구가 아니다. 미국은 미성년자를 포르노 대상이나 어른들의 성행위 대상으로 삼는 행위에 대해 엄벌한다.

지금 선진 국민들은 물질적 가치에서 정신적 가치를 추구하는 삶으로 전환하고 있다. 21세기는 어느 때보다 국민의 정신과 자질이 국가 경쟁력으로 되는 문화와 지식기반 시대이다. 성도덕이 무너지고 타락한 국민은 결코 수준높은 문화와 사회를 만들 수 없다.

세계 4대 성인은 모두 "간음하지 말라"고 했다. 엘빈 토플러도 사람을 평가하는 잣대가 앞으로는 도덕지수(MQ)가 될 것이라고 한다. 우리나라가 격조높은 국가가 되려면 도덕·종교적 윤리로 사는 사람들이 더욱 많이 나와 당당하게 제목소리를 내야 한다. 국민들의 마음 차원이 높아지고 성욕·재물욕 등 탐욕에서 벗어난 고결한 사람들이 지배적인 다수가 될 때 우리나라는 진정한 선진국으로 도약할 것이다.

인생은
자신이 만든다

　　사람은 태어날 때부터 환경, 능력, 신체 등 모든
조건이 이미 정해진다. 이것만 보면 인생은 공평한 게임이 될 수 없
고, 세상은 불공평한 것이 틀림없다. 그러나 인생의 출발점이 반드
시 인생의 과정과 종착역과 일치하지는 않는다. 인생에는 너무나 많
은 변수가 있다. 사람이 일생동안 어떠한 삶을 살게되는지는 '신의
장난'도, '운명의 탓'도 아니며, 자신이 어떤 마음가짐으로 어떻게 사
는지에 따른 결과물이라고 생각한다.

　　나는 이런 삶의 철학을 갖고 있기 때문에 내 인생을 내가 잘 만
들어가야 된다는 마음으로 살아가고 있다. 살아가는 마음자세와

삶의 목표에 있어서 분명한 기준을 가지고 있다. 우선 삶의 목표는 일생을 통해서 내가 달성하고자 하는 궁극적 목표가 있고, 살아가면서 그때마다 가지는 여러 소원이 있다. 나는 '깊고 간절한 소원은 반드시 이루어진다'는 믿음을 가지고 노력한다. 내 삶의 궁극적 목표는 삶이 다했을 때 정신차원이 높아져 있는 것, 더욱 선한 사람이 되어 있는 것, 한 철 삶에 보람이 있었다고 느끼는 것이다.

내가 배운 지식과 내게 주어진 자격증은 세상에서 올바른 일을 하고, 사회에 유익하고 남을 도울 수 있는데 사용하라고 주어진 것이라고 생각한다. 나는 노력은 결코 헛되지 않으며, 사람은 죽을 때까지 배우려고 노력하며 부지런해야 하고 열심히 살아야 한다고 생각한다.

그런데 이 현실에서는 인간의 이성으로만 이해할 수 없는 일들이 너무 많이 일어난다. 매일 살아가는 현실에서 끊임없이 누군가를 상처입히고 상처받고, 알게 모르게 괴롭히고 괴롭힘을 당하며 어려움을 겪는 일들이 일어난다. 이런데서 내가 보다 자유로워지려면 내 마음을 다스리고 세상의 일들에 대처하는 지혜로운 삶의 자세를 갖추는 것이 필요하다고 느낀다.

그래서 나는 매일 명상서적을 읽으며, 나를 돌아보는 명상시간을 갖고 정신적인 수행에 관심을 기울인다. 눈에 보이지 않는 정신세계의 중요성을 믿는다. 내 마음은 모든 사람의 마음과 연결되어 있고, 이 우주전체에 두루두루 전달된다고 믿는다. 남이 보지 않는 일이란 있을 수 없다. 따라서 나는 마음속에서 조차 나쁜 생각을 하지 않으려고 한다.

나는 무거운 번뇌에서 벗어나기 위해 집착하지 않는 삶을 살고자 한다. 과거는 흘러가 버린 것, 미래는 오지 않은 것, 따라서 오로지 영원한 현재만이 계속된다고 믿고, '현재의 삶'에 충실하고자 한다. 지나간 과거에 얽매어 후회하며 사는 것이나, 오지 않는 미래에 대하여 미리 걱정하며 불안에 떨며 사는 것도 어리석다. 항상 언제 죽어도 미련없는 마음으로 홀가분하게 살고 싶다. 나는 한발자국 한발자국 걸어서 이 자리에 왔고 다음 자리로 갈 것이다. 인생의 발걸음은 가급적 가볍고 유쾌한 것이고 싶다. 그래서 무슨 어려운 일이 다가와도 흘러가는 물결, 스쳐가는 바람이라고 생각하고자 노력한다.

나는 긍정적이고 낙천적으로 살기 위해 나를 진실로 사랑하고자 노력한다. 이것은 나만 생각하는 이기적인 마음과는 다르다. 진실로 자신을 사랑하면 자신을 학대하거나 열등감을 갖거나 부정적인 마음을 갖지 않게 된다. 자신에 대한 깊은 존중을 할 줄 아는 사람은 타인에 대한 존중이 싹튼다. 나는 다른 사람의 마음에 상처를 주는 일을 피하려고 노력한다.

나는 모든 현상에 대해 내가 어떻게 마음을 먹는지에 따라 그것은 다른 모습으로 바뀔 수 있다고 믿는다. 남이 나에게 대하는 태도, 주변사람과 세상과의 관계에서 내가 겪는 모든 일들도 내가 어떻게 받아들이는지에 따라 상황이 달라질 수 있다. 따라서 '남의 탓' '세상 탓'보다 '내 탓'으로 돌리려고 노력한다. 처음에는 어려워도 연습으로 생각하고 노력하니 조금씩 나아지는 변화를 체험하고 있다.

거짓말 천국

―

　　　　　　　나라 전체가 거짓말 학습장이다. 일거수 일투족이 언론에 보도되는 대통령 등 핵심지도층은 영향력이 큰 거짓말 교사이다. 대통령 후보는 당선되기 위해서 실현 가능성 없는 공약을 내걸고 국회의원도 상대후보를 낙마시키기 위해 거짓말을 날조한다. 권력자들은 천문학적인 뇌물을 받고도 "단 1원도 받지 않았다"고 선서까지 한다. 거짓말 잘하는 국민을 만드는 것이 국가 경쟁력을 높이는 길이라고 착각하고 있는 듯하다.

　　초등학교에서도 거짓말 훈련을 시킨다. 초등학교 3학년인 K는 일기장이 두 개다. 하나는 선생님에게 매일 보여주고 검사를 받기 위한 목적으로 쓰는 일기장이다. 다른 하나는 자신과 대화하는 진실이 담긴 프라이버시를 보관하는 일기장이다. K가 일기를 두 개 작성하게 된 이유는 선생님이 일기 주제를 미리 내준 뒤 일기장을 검사하고 '잘 된' 내용은 게시판에 공개하기 때문이다. 누구에게나 공개되는 일기장에 자신만의 진솔한 이야기를 쓸 수 있겠는가.

수사기관과 법원, 의회의 청문 절차 등에서 거짓말을 막는 것은 판단 절차의 생명에 해당한다고 할 만큼 중요하다. 그런데도 제도적 장치가 미흡해 거짓 진술과 허위 증언이 난무하고 진실이 왜곡된다. 소송에서 당사자가 선서하지 않는다면 거짓말을 마음대로 할 수 있다. 선서를 한 뒤 허위 진술을 했을 때 받는 처벌은 고작 과태료 200만 원 정도이다. 선서한 증인이 위증을 하는 일이 비일비재한데도 실제 처벌까지 받는 경우는 드물다. 근거 없는 허위 사실을 퍼뜨려 상대에게 큰 피해를 준 정치가에게는 명예훼손죄로 고작 벌금 몇 백만 원이 선고된다.

우리 국민에게는 '진실을 알릴 의무'가 부족하다. 공동체를 위한 '국민의 의무'라는 인식도 부족하다. 사건의 중요한 목격자들이 "남의 일에 끼어들고 싶지 않다."며 증언을 꺼린다. 다른 사람들의 억울한 처지는 아랑곳하지 않는다. 반면 청탁을 받거나 이해관계가 있는 사람을 돕기 위한 거짓말에는 적극 나선다.

진실 발견의 도구로 거짓말탐지기가 사용된다. 그러나 이는 거짓말에 대한 두려움, 초조, 양심의 가책 때문에 나타나는 생리적 현상을 측정함으로써 판단하는 것이기 때문에 양심이 마비된 인격장애자에게는 소용없다. 나라 전체가 거짓말탐지기도 통하지 않는 양심마비자들을 배양해 내는 토양이 되고 있다. 삶에서 거짓이 쌓이게 되면 모든 일에 나쁜 영향을 주듯이, 우리 사회에 전반적으로 거짓이 난무하게 되면 사회 전체의 건전한 정신이 무너져 내린다. 일류 국가로 도약하기 위해서는 국민정신이 더 무너지기 전에 특단의 조치가 필요하다.

대법원 앞에서

장자의 싸움닭에서
배운다

———

필자가 변호사 직업이 싫어질 때는 변호사 일이 싸움닭 같다는 느낌이 들 때다. 객관적 입장에서 냉철하게 변호사 역할에만 충실하려고 노력하지만 사건을 열심히 하다 보면 자신도 모르게 깊숙이 빠져들어 상대방이나 증인의 거짓말에 화가 날 때가 있다. 증인으로 나온 사람이 이해관계에 따라 자신이 한 말이나 진술서를 법원에서 손바닥 뒤집듯이 부인하는 일도 있다. 위증죄 처벌 경고나 선서는 양심이 마비된 사람에게는 소용없다. 이런 사람을 상대하는 재판을 마치고 나올 때는 돈을 받고 대신 싸워 주는 싸움닭이 된 듯한 기분이 든다.

그래서 어떻게 하면 싸움닭이 아닌 도인의 마음으로 내 직업에 충실할 수 있을까를 화두로 삼고 있다. 장자의 우화에는 싸움닭이 도인이 되는 과정에 대한 이야기가 나온다.

왕을 위해 싸움닭을 훈련시키는 기성자라는 사람이 닭 훈련을 시켰다. 열흘이 지나 왕이 물었을 때 기성자는 그 닭이 싸울 준비가 되지 않았다고 했다. 이유는 "아직 불같은 기운이 넘치고 어떤 닭과도 싸울 자세며, 자신의 기운을 너무 믿고 있다"고 했다. 다시 열흘이 지났지만 아직 싸울 준비가 되지 않았다고 했다. 그 이유는 "아직 다른 닭 울음소리가 들리면 불끈 성을 낸다"는 것이었다.

또 열흘이 지났지만 멀었다고 했다. "아직 상대를 보면 노려보고 깃털을 곤두세운다"는 것이 이유였다. 마침내 그 닭이 싸울 준비가 다 되었다고 했다. "다른 닭이 울어도 움직이는 빛이 안 보이고 먼데서 보면 마치 나무로 조각한 닭과 같다. 이제 성숙한 싸움닭이 되었다. 어떤 닭도 덤비지 못할 것이며 보기만 해도 도망칠 것이다."

불같은 기운이 넘치는 단계는 가장 유치하고 초보적인 단계다. 불끈 성을 내는 단계, 노려보는 단계도 멀었다. 외부 현상에 마음의 동요가 없는 상태가 됐을 때 비로소 도인의 경지에 도달하는 것이다.

이런 도인의 경지에 도달한 사람이 많으면 그 사회는 참으로 차원 높은 이상사회일 것이다. 이상사회는 바라기 힘들어도 최소한의 양식과 이성이 지배하는 사회라면 다행일 것이다. 요즘 우리나라는 불같은 기운이 넘치고 자기와 의견이 다른 상대에 대한 증오심과 투쟁의식이 충천하다. 북한은 두둔하면서도 국내의 반대세력에는 악랄한 앙갚음을 해주겠다는 구호도 등장했다. 이해되지 않는다. 증오심은 개인의 삶은 물론 사회 전체의 수준을 파괴하고 끌어내릴 뿐이다.

중국 양나라의 재상 혜자는 장자를 경계했다. 어느 날 장자가 순수한 목적으로 혜자를 만나러 오고 있었는데 누군가 혜자에게 허위 정보를 제공했다. 장자가 혜자를 몰아내고 재상의 자리를 차지하기 위해 오고 있다고. 혜자는 장자를 체포하기 위해 온 나라를 수색했지만 실패했다.

장자는 그 후 혜자 앞에 나타나 불사조에 관한 이야기를 했다. "그대는 남쪽 나라에 사는 신비로운 불사조에 대해 들어본 적이 있는가? 이 불멸의 새는 신성한 나무 위가 아니면 내려앉지 않고, 고결하고 귀한 열매가 아니면 먹지 않으며 순수한 샘이 아니면 물을 마시지 않는다. 한번은 올빼미 한 마리가 반쯤 썩은 쥐를 뜯어먹고 있다가 하늘로 날아가는 이 불사조를 보았다. 올빼미는 놀라서 비명을 지르고는 쥐를 빼앗길까 두려워 꽉 움켜쥐었다.

혜자여, 그대는 왜 재상 자리에 집착하여 나를 보고 비명을 지르는가?"

지금 이 나라는 오로지 나라를 생각하는 순수하고 양심적으로 행동하는 원로들과 평범한 사람들까지도 오해를 받고 온라인에서도 오프라인에서도 무차별적으로 엄청난 공격을 당하고 있는 게 현실이다. 숭고한 대의를 위해 일을 하거나, 소신껏 옳은 일을 하는 사람은 누구의 비방에도 마음이 흔들리지 않고, 얻고 얻지 못함에 마음 상하지 않으며, 자신의 길을 걸을 수 있는 용기와 당당함을 견지하는 것이 필요하다.

　　"소리에 놀라지 않는 사자와 같이, 그물에 걸리지 않는 바람과 같이, 흙탕물에 더럽히지 않는 연꽃과 같이, 무소의 뿔처럼 혼자서 가라"는 부처님의 말씀이 등불이 될 것이다.

태산과
바다의 가르침

―

나라 경제가 어려운 데다가 사회는 증오와 폭력
이 난무하고 배척과 뺄셈의 조류가 지배하고 있다. 사이버공간에서
는 얼굴을 드러내지 않고 의견이 다른 상대를 악의로 비난하는 일
들이 계속되고, 방송에서도 적의에 찬 공격이 넘친다. 최소한의 예의
도 지키지 않는 일들이 많다. 비판과 토론문화의 산실인 대학에서
조차 탄핵찬성 의견은 말하기 어려운 분위기이고, 언론개혁을 외치
는데 정작 저질 편파 프로그램이 판을 치는 방송보다는 비판적인 신
문만 주된 대상으로 삼는다.

편가르기를 일삼으며 말로만 '상생'이다. 가난 때문에 세상을 떠

난 넋을 위로한다며 타워팰리스 앞에서 '빈곤위령제'를 열어 부자들에 대한 증오심을 발산한다. 시민단체와 여성단체들은 일방적인 기준에 따라 낙선자 명단을 내놓고 그것이 절대적인 양 주장한다. 폭력영화를 찍어야 상을 받고, 조폭이 인기를 누리고, 살인도 추억이 되는 세상이다. 증오와 폭력은 부정적인 에너지를 낳고, 부정적인 에너지는 사회와 나라의 장래를 어둡게 한다. 시중에는 불안한 사람들이 점집을 찾고, 청년들은 일자리를 찾지 못해 방황하며, 상인들은 장사가 되지 않아 한숨을 쉰다. 나라가 어려울수록 최고지도자는 국민들에게 올바른 가치관을 보여야 함에도 "후보가 되기 전에 점치고 확신했다"거나, 자신의 "사주가 괜찮다"는 표현도 서슴지 않는다.

강력한 국가가 되기 위해서는 국민의 통합과 단결이 필수요소이고 최고지도자는 더더욱 국민들의 통합과 단결을 위해 힘을 쏟아야 한다. 그러나 우리의 최고지도자는 취임 이래 줄곧 국민을 내 편 네 편으로 가르더니, 탄핵심판 기간 중 자중을 기대했던 국민의 생각과는 달리 "보수는 힘센 사람이 마음대로 하는 것"이라는 해괴한 논리로 절반의 국민을 배척한다. '변화의 시대, 새로운 리더십'이라는 주제로 강의를 하면서, 말로는 '상생'을 수없이 외치면서 이런 행동을 하는 것은 엄청난 모순이다. 권위주의 정권이 아니라고 하는데도 아직도 재벌총수들은 청와대에 불려 가면 한없이 작아지는 모습에서 군사정권과 무엇이 다른지 생각하게 한다.

태산은 한줌의 흙도 마다하지 않기 때문에 크고, 바다는 실개천도 가리지 않기 때문에 깊다고 했다. 모름지기 지도자는 태산과 바다의 가르침을 좇아 국가경영에 도움이 된다면 이념에 관계없이 인재를 등용해야 한다. 당 태종은 자기를 죽이려고 한 위징을 죽이지 않고 오히려 직언을 하는 고위직에 중용해 정관의 치적을 이루었다. 그 배짱은 오늘날 지도자들의 벤치마킹 대상이다. 덩샤오핑(鄧小平)은 이념보다는 검은 고양이든 흰 고양이 든 쥐만 잡으면 된다는 철저한 실용주의 노선으로 중국이 세계 경제강국으로 도약하는 기틀을 만들었다. 70년대 2류 국가로 전락할 위기에 있던 영국은 대처 총리의 지도 아래 위기를 탈출할 수 있었다. 이때 대처 총리는 소련 공산주의와 공존의 불가피성을 인식하고 고르바초프 공산당 서기장을 향해 "우리는 같은 지구에 살고 있으며 함께 살아가지 않으면 안 된다"고 웅변했다.

치열한 국제경쟁에서 살아남고 민족번영의 기반을 구축하여 통일시대로 가려면 사람 자원 밖에 없는 우리로서는 우선 남한의 5,000만이라도 하나로 뭉쳐야 한다. 그러나 최고지도자조차 변함없이 편 가르기, 배척의 모습만을 보여주고 있으니 실망이 크다.

숱한 어리석은 사람들의 존재에도 불구하고 세상이 그런대로 굴러온 것은 우리의 과거 역사가 그러했듯이 영적 수행을 하는 성직자,

사랑과 자비, 관용이 가득한 아름다운 마음으로 살아가는 수많은 이름 없는 사람들의 보이지 않는 힘 덕분이라 믿는다. 숱한 국난을 겪으면서도 나라를 지탱해 온 힘은 국민의 간절한 나라사랑과 올바른 정신에서 나왔다고 본다. 모름지기 지도자는 올바른 비전과 가치를 제시하고 용기와 지혜, 관용을 갖춰야 자격이 있다. 도덕적이고 차원 높은 정신적 가치를 구비한다면 금상첨화일 것이다. 부디 올바른 가치관, 선한 기운, 상생의 철학과 우주의 긍정적인 에너지를 결집시켜 국운을 융성하게 하기를 염원한다.

내 마음 닦기

—

20세기 미국의 위대한 대법관 올리버 웬델 홈즈 2세가 92살이었을 때 서재에서 책을 읽고 있었다. 그때 친구 프랭클린 D 루스벨트 대통령이 다가와서 "뭘 하고 계세요?"라고 물었다. 홈즈 대법관은 웃으며 "Improving My Mind(내 마음을 닦고 있는 중)"라고 말했다. 이때 홈즈 대법관이 읽고 있던 책은 플라톤에 관한 책이었다고 한다. 홈즈 대법관은 기독교는 물론, 노장사상과 불교사상에도 조예가 깊었다. 위대한 대법관이 나이 90이 넘어서도 마음을 닦는 일에 몰두하고 인문고전을 읽는 모습은 삶의 마지막 순간까지 어떻게 살아야 할 것인지를 생각하게 하였다. 필자가 1998년 하버드 로스쿨에서 공부할 때 도서관에 걸려있는 홈즈 대법관의 초상화를 마주할 때마다 그 정신적 깊이에 압도당한 경험이 있다.

인간이 평생 추구할 목표로 영적인 성장과 자기계발을 최우선으로 놓아야 한다는 가르침이 많다. 종교적인 생활을 하거나 인문고전을 많이 읽으면 이러한 삶의 방향으로 이끌게 된다고 한다. 종교교육자 올리버 밴 드밀은 〈토머스 제퍼슨의 위대한 교육〉에서, "과거에는 영적으로 부유한 부모들이 가정교육의 역할을 제대로 수행하였지만 현대의 부모들은 정신적 생활이 유실되어 자녀가 단지 경쟁에서 이겨 세속적으로 성공하는 것만을 바랄 뿐"이라고 개탄하였다. 그러면서, 성경이나 비슷한 무게 있는 책을 읽지 않으면 사람들의 마음은 계속 텅텅 빌 것이므로, 윤리와 인류 문명을 유지하기 위해서는 고전을 많이 읽어야 한다고 했다.

우리나라에도 수년 전부터 인문고전의 열풍이 다시 번지고 있다. 작가 이지성이 쓴 책 『리딩으로 리드하라』에서는, "역사상 무수한 천재들은 어릴 때부터 "인문고전을 독파한 사람들"이라고 하면서 구체적인 예를 들어 "인문고전 독서를 통해 개인은 물론 가문과 나라의 운명을 확실히 바꿀 수 있다"고 주장하고 있다. 〈자녀교육법〉으로 유명한 독일의 칼 비테의 아버지가 지능이 떨어진 아들에게 인문고전을 지속적으로 접하게 하여 세계적 천재로 만든 사례는 유명하다.

빈자계급을 위한 인문고전 독서과정인 클레멘트 코스의 창립자 얼 쇼리스는 〈희망의 인문학〉에서 "인문학 학습을 통해 빈민들에게 성찰적 사고능력을 길러주고 민주주의 사회에 온전하게 참여할 수 있는 힘을 길러준다"고 하면서, 빈곤문제의 해결책으로 가난한 자들을 위한 인문학 공부를 강조하고 있다. 세종대왕의 한글창제도 치열한 인문고전 독서가 원천이 되었다고 한다. 세종대왕은 인문고전을 100번 읽고 100번 필사하는 치열한 독서법을 고수했다.

인문고전을 통해 창의성과 휴머니즘의 인격을 구비하고 인류에 큰 기여를 하는 사람들의 예도 많다. 세계 최고의 부자반열에 있는 빌 게이츠는 1만 4,000여 권에 이르는 장서를 보유한 독서광이다. 그는 자신이 성공한 이유가 날마다 새롭게 변했기 때문이라고 한다. 중퇴한 하버드대학의 졸업장을 늦게나마 받았지만, 그는 하버드대학 졸업장보다 독서하는 습관이 더 소중하다고 말한다.

일본 최고의 부자인 재일교포 손정의는 젊은 시절 만성간염으로 3년간 병원에 입원한 기간에 『손자병법』 등 인문고전을 읽었다. 그 후에도 어려운 고비 때마다 인문고전을 악착같이 읽었는데 그렇게 읽은 책이 약 4,000권에 달했다고 한다.

우리나라에도 깊은 내공과 인격, 능력을 보유한 지도자들이 더 많이 나왔으면 한다. 선거철마다 콘텐츠 없이 표심을 구하는 후보보다는 인생 경륜, 세상을 향한 사랑, 지혜와 내공이 출중한 후보를 선택할 수 있는 기회가 많았으면 한다.

이 가을에 인문고전의 숲에 들어가 보자. 일본이 자랑하는 세계적 석학 모로하시 데쓰지는 『공자·노자·석가』라는 책을 100세 때 저술했다. 100세가 될 때까지 인문고전을 읽고 동양이 낳은 위대한 세 성인의 사상을 한 권의 책으로 전달하는 일을 하는 그 열정을 닮고 싶다. 그리고 내 인생의 우선순위도 '마음 닦기'에 놓고 싶다.

강북에 사는 행복

———

수십 년을 강남의 아파트에서 살다가 한 달 전 청운동 빌라 동네로 이사를 했다. 북악산 자락의 고즈넉한 분위기가 마음에 들어 과감히 강북행을 결정한 것이다.

살던 집을 전세 놓고 그 돈으로 강북의 전셋집을 얻었는데 집 크기가 10평이나 늘어났다. 남편은 대만족이다. 강하나 건넜을 뿐인데 평수도 늘었고, 남향이어서 겨울 햇살이 풍성해졌다.

무엇보다도 전망이 일품이다. 언덕에 위치한 복층 집인데 주변에 고층빌딩이 없어 확 트인 시야로 남산이 정면에 보이고 좌로는 북악산, 우로는 인왕산이다.

밤마다 쏟아져 들어오는 남산의 야경이 환상 그 자체다. 남산타

위는 매일 파랑, 빨강, 초록으로 형형색색 바뀐다. 그러다가 아침에는 집 안에서 희망차고 장엄한 일출까지 볼 수 있다. 북악산과 인왕산 산책도 즐겁고, 서울의 진산 북한산도 아침에 등산하고 올 수 있는 거리에 있다.

바쁜 주중을 보내고 주말에 집에 머무르는 것이 그렇게 행복할 수가 없다. 딱 강하나 건넜을 뿐이다. 청아한 분위기, 따뜻한 햇살, 산들의 미소와 정기, 신선한 공기 그리고 아름답고 찬란한 태양이 매일 아침 희망과 활력을 선물로 준다. 거실 창가에 춘란 등의 난초와 소나무, 반병초 등 화분이 햇살을 받아 반짝인다.

봄이면 꽃나무 심을 수 있는…. 소원성취한 강북의 집.

어느 날 아침 유리 창문에 탁! 하는 소리가 났다. 돌아다보니 꿩 한 마리가 화분에 심은 식물을 향해 달려들다가 유리창에 부딪친 것이었다. 신라의 솔거가 그렸다는 소나무 그림 생각이 떠올랐다. 실물과 너무 닮아서 까마귀나 참새 등이 날아와 부딪쳐서 떨어지곤 했다는 그 노송오작도(老松烏雀圖)가 집에 있는 듯한 행복을 느꼈다.

세계적인 거대 도시 서울 시내 한복판에 이렇게 자연과 조화되는 거주지가 있다는 게 참 신기하기만 하다. 어느 날은 퇴근하고 돌아오니 강남에는 눈이 내리지 않았는데 강북에는 눈이 내려 마당에 소복이 쌓여 있었다.

세상에 태어나서 마땅히 해야 할 의무가 있다면, 그것은 먼저 스스로 행복한 삶을 사는 것이다. 세상 사람들이 각자 자기의 행복만이라도 온전히 책임질 수 있어도 세상은 훨씬 바람직한 방향으로 흘러갈 것이다.(벤저민 프랭클린)

기온이 내려가 얼기 전에 얼른 빗자루로 마당의 눈을 쓸었다. 주차장 청소며, 마당 쓸기며, 10평이나 더 늘어난 집 청소며, 아파트에 살 때보다 일이 많이 늘어났지만 이런 노동도 즐겁기만 할 뿐이다. 나는 평소에도 일하는 사람 없이 가사일을 즐기는 편이다. 봄이 되면 마당에 나무도 심을 예정이다.

겨울 햇살을 쬐며 화분을 옆에 두고 창가에서 책 읽는 즐거움도 여간 큰 것이 아니다. 책을 읽다가 경치를 감상하며 차 한 모금 들이킬 때의 그 상큼함! 지난 겨울 양수리의 전망이 한눈에 들어오는

운길산 수종사의 차방에서 남편과 함께 차를 마시며 이렇게 전망 좋고 겨울 햇살이 따스한 곳에서 살고 싶다고 말한 소원이 성취된 셈이다.

이곳으로 이사와서 더해진 유익함은 인문고전을 더 많이 읽게 됐다는 것이다. 국내 최대 서점이 가까이 있어 좋은 책 구하기도 편해졌고, 아늑한 집에서 책 읽는 즐거움이 더 커져서 저절로 독서량도 늘어나게 된 것이다.

우리 가족은 모두 소박한 데서 행복을 찾고자 한다. 법정 스님은 『살아 있는 것은 다 행복하다』는 잠언집에서 "삶에는 즐거움이 따라야 한다. 즐거움이 없으면 그곳에는 삶이 정착되지 않는다. 즐거움은 밖에서 누가 가져다주는 것이 아니라 긍정적인 인생관을 지니고 스스로 만들어가야 한다. 일상적인 사소한 일을 거치면서 고마움과 기쁨을 누릴 줄 알아야 한다"고 하였다. 벤저민 프랭클린은 "세상에 태어나서 마땅히 해야 할 의무가 있다면, 그것은 먼저 스스로 행복한 삶을 사는 것이다. 세상 사람들이 각자 자기의 행복만이라도 온전히 책임질 수 있어도 세상은 훨씬 바람직한 방향으로 흘러갈 것이다."라고 하였다.

지금 나는 〈자조론〉으로 유명한 영국의 새뮤얼 스마일스의 『사람으로 산다는 것』을 읽고 있다. 스마일스는 "게으름은 개인의 삶을 타락시키고 국력을 저하시킨다. 일찍이 게으른 자가 사회적으로

명성을 얻은 예는 없으며, 앞으로도 없을 것이다. 게으른 자는 언덕에 오른 적도, 시련을 극복한 적도 없다"고 말했다.

　나는 매일 일찍 일어나서 식사 준비 등 집안 일을 직접하고 나서 사무실로 출근한다. 그렇게 해야 사무실에서도 열심히 일을 하게 된다. 남이 알아주지 않아도 그래도 세상에 유익한 일을 하는 것이니까. 그리고 틈나는 대로 무주상(無住相)으로 보시(布施)하고, 인문 고전 독서를 하면서 지혜와 양식을 넓히려고 노력한다. 일상의 소박함에 만족하고 살다가, 얼마 전 강 하나 건너니까 그 소박한 행복이 꼭 두 배가 되더라는 얘기를 꼭 하고 싶어졌다.

북한산 노적봉

고결성이
중시되는 사회

———

돈·향응 받은 '스폰서 검사', 승용차 받은 '벤츠
여검사' 무죄판결 또 안나오게 하려면 김영란법 통과가 절실하다

선진국에서는 '인테그리티(integrity)'라는 단어를 매우 강조한다. 윤
리 관련 규정과 부패 방지 법규에는 이 단어가 꼭 등장한다. 주로
'청렴성'으로 번역되지만 '고결성'이 더 적합할 것 같다. "고결성만큼
신성한 것은 없다."(에머슨), "고결성은 말에서 나오는 게 아니라 행동
에서 나온다."(베이컨) 등 고결성을 강조하는 경구가 많다.

선진국에서는 학교와 기업, 공직사회, 전문직과 리더십교육 과정
등에서 이 고결성 덕목을 반복해서 교육하고 강조한다. 국제 거래

와 기업에서도 법규와 윤리규정 준수를 의미하는 '컴플라이언스 의무'가 강조된다. 고결성을 손상시키는 행위는 중대 사안으로 다룬다. 필자가 하버드 로스쿨에서 공부할 때도 '인테그리티'를 기회있을 때마다 강조하는 것을 보았다. 부패 방지를 위한 국제규범에서도 고결성은 핵심 가치로 등장한다. 국제투명성기구는 "부패방지를 위해 노력한 사람에게 '인테그리티상'을 준다. 유엔 반부패협약에서도 "부패와 싸우기 위해, 각국은 공직자들에게 고결성, 정직성을 장려해야 한다"고 규정한다. 동양에서도 군자는 혼자 있을 때 더욱 삼가고 경계해야 한다는 신독(愼獨)을 강조했다(대학과 중용). 우리나라에서는 퇴계 이황과 율곡 이이도 신독을 강조했다. 이순신 장군은 신독 정신의 화신이라 할 수 있는 공직자였다. 우리도 선비정신과 같은 고결한 인격수양의 전통이 있음에도 오늘날에는 고결함의 전통과 가치가 크게 퇴색되어 가고 있다.

고위공직자의 탐욕과 부패, 부정직함이 지나쳐서 하위공직자들의 일탈 행위는 말할 것도 못 된다. 헌법재판소장·대법원장·대법관 등 가장 고결해야 할 지위에 있었던 사람들조차 '황제 전관예우'를 활용하여 과도한 사익을 추구하는 경우도 있다. 축첩행위와 혼외자식을 은폐하기 위해 대국민 거짓말 행진을 펼친 전 검찰총장, 3억 원대 금품과 2,000만 원대 시계를 받고도 이것을 취임 축하선물이라고 강변하는 전 국세청장도 우리 사회의 고결성을 무참히 짓밟은 사람이다.

세월호 참사 이후로 부패의 근원을 척결하기 위해 이른바 '김영
란법'의 세심한 적용과 필요성이 제기되고 있다. 이 법안은 공직자의
부정청탁과 이해충돌 행위, 금품수수 행위를 금지하고 금품수수가
100만 원을 초과할 경우 형사처벌하도록 하고 있다.

선진국에서는 오래전부터 이러한 법률이 마련되어 있다. 우리나
라는 뇌물죄에 대한 형사처벌 규정만 있을 뿐이고, 부정 청탁과 이
해충돌 행위를 처벌하는 규정이 없다. 우리나라의 뇌물죄는 직무 관
련성과 대가성을 엄격히 요구해서 고액의 금품을 받은 공무원이 무
죄 판결을 받는 일이 빈발하고 있다. 건설업자로부터 현금 100만
원과 140만 원대의 향응을 받은 이른바 '스폰서 검사 사건'에서도
향응수수는 인정되나 직무 관련성과 대가성이 없다는 이유로 무죄
판결이 났다. 내연 관계의 변호사로부터 500만 원대의 샤넬 백과 신
용카드 및 벤츠 승용차를 제공받은 이른바 '벤츠 여검사 사건'에서
도 청탁 관련이 아니라 '사랑의 징표'로 받은 것이라는 해괴한 이유
로 무죄 판결이 났다.

선진국에서는 이런 일이 가능하지 않다. 미국·영국·독일에서는
공직자가 정부 급여 이외의 금품을 받으면 직무 관련성이 없더라도,
대가성을 불문하고 뇌물죄로 형사처벌한다. 미국과 영국에서는 외
국 공무원에 대한 뇌물 제공까지 형사처벌한다. 캐나다·프랑스 등

경제협력개발기구(OECD) 선진국들은 대부분 이와 비슷한 법규를 마련하고 있다.

이른바 김영란법은 형법의 뇌물죄 요건이 너무 엄격하여 금품을 받은 공무원이 처벌이 안 되는 부패의 사각지대를 없애고, 부패의 근원을 방지하기 위해 선진국이 마련하고 있는 제도를 도입하는 것이다. 국회에서 이 법을 통과시키지 않는 이유는 이 법률이 통과되면 청탁과 이권 개입으로 이득을 얻어 오던 무리들의 음성소득이 줄어들 것을 염려한 때문일 것이다.

'고결성'을 중시하는 국가 사회를 만들지 않고는 부패를 척결하기 어렵다. 존중받는 국가는 더욱 요원하다. '죽는 날까지 하늘을 우러러 한 점 부끄럼이 없기를, 잎새에 이는 바람에도 나는 괴로워했다…'고 읊은 해맑은 시인 윤동주의 고결성이 더욱 그립다.

2014년 6월 13일 《동아일보》에 기고한 칼럼 「고결성이 중시되는 사회」에서 김영란법 통과의 절실함을 강조하였다. 이후 '부정청탁 및 금품 등 수수의 금지에 관한 법률'(일명 김영란법)이 2015년 3월 제정되었다.

어떻게
살 것인가

———

　　　　　프랑스 시인 폴 발레리는 "용기를 내어서 그대가 생각하는 대로 살지 않으면 머지않아 그대는 사는 대로 생각하게 된다"고 했다. 나는 안주할 수 있는 자리를 박차고 보다 가치있는 일을 위해 새로운 길을 개척하는 삶을 살아왔다. 나의 방식에 따른 삶은 소위 출세나, 세속적인 성공과는 아주 거리가 멀다. 흡연피해자를 위한 무료 공익소송 15년의 삶이나, 군산 성매매 화재 참사 피해자를 위한 무료변론, 온 언론에서 매도한 황우석 줄기세포 특허를 지키기 위해 100명의 변호인단을 결성하여 활동한 것 또한 그런 실천의 일환이다.

서울지방변호사회 수여 공익봉사상(2004)

그러나 세상의 편견과 통념이라는 것은 사욕이 없는 사람의 진심이나 고결성을 알아주기 어렵다. 어차피 평가를 받고자 한 것도 아니므로 어려운 일을 하면 할수록 더욱 구도의 삶으로 가도록 인도하는 것을 느낀다. 내가 담배소송을 시작한 것은 하버드 로스쿨에서 공부할 때 미국 46개 주정부가 담배회사들을 상대로 소송을 제기하여 배상금 협상이 진행되는 것을 보고 미국 담배소송의 역사를 연구하여 논문을 쓰게된 것이 계기가 되었다. 1999년 귀국하여 한국 최초 흡연피해자 무료 공동소송을 제기할 때만 해도 담배소송에 내 인생의 황금기를 다 바치게 될 기나긴 싸움에 뛰어들 것이라는 것을 예상치 못했다. 그리고 담배소송의 포문은 거대한 다국적 마약회사들과의 전쟁이라는 것을 실감하지 못했다.

미국 담배소송 역사는 1950년대부터 시작되는데 1994년 이전까지 흡연피해자를 대리한 원고변호사들은 담배회사들의 음해와 파산전략의 희생양이 되었다. 주정부들이 나서서 담배소송을 제기한 1995년부터 시작된 3단계 소송에서 흡연피해자들이 승소할 수 있게 되었는데, 이것은 그 이전 원고 변호사들의 희생의 바탕위에 가능한 승리였다. 우리나라에서도 내가 한 15년간의 담배소송이 밑거름이 되어 건강보험공단이 KT&G를 비롯한 필립모리스 등 다국적 담배회사들을 상대로 한 담배소송을 제기하면서 미국의 3단계 소송에 접어들었다고 할 수 있다.

내가 가장 안타깝게 생각하는 것은 우리 국민들이 아직도 KT&G(옛 담배인삼공사)가 '공사'라고 생각하고, 담배가 기호품이라고 착각하는 것이다. KT&G는 외국주주가 지배하는 필립모리스나 다름없는 다국적 사기업이고, 지금 팔리는 담배는 인디언들이 피우던 천연 담뱃잎과는 질적으로 전혀 다른 것이다. 담배는 무수한 첨가물과 니코틴 조작으로 코카인, 헤로인보다 더한 최강의 마약인 것이지 결코 기호품이 아니다. 담배회사들의 자금과 로비력은 엄청나서 이들로부터 자유로운 권력자들이 얼마나 될지 의문이다. 담배회사들이 그들의 적이라고 간주되는 사람들을 상대로 음해 공작을 하면서 박해하는 수준은 과거 국가권력이 저지른 인권탄압보다 더 교활하다.

하지만 우리 사회는 유해기업을 상대로 투쟁하다가 기업권력으로부터 당하는 인권피해의 심각성에 대해서는 거론조차 하지 않는다. 오히려 우리나라는 질투가 특히 지배하는 사회인 것 같다. 세상을 위해 아무리 선한 일을 사심없이 묵묵히 하여도 진심을 알아주기는커녕 온갖 음해가 난무한다. 담배회사가 저지른 해악을 고발하고 국민들의 독극물 중독 피해를 막기 위해 길고 긴 무료 소송을 하고 있는 나에게 '정치 나가려고 저런다' '떼돈 벌려고 한다'는 음해는 기본이고 사무실 운영이 어렵도록 이해할 수 없는 해괴한 일들이 꼬리를 물었다.

나는 다른 사람들의 빼앗긴 권리를 찾아주고 억울함을 풀어주기 위해 노력해왔다. 그러나 정작 나 자신이 당한 억울함에 대해서는 로돌프 폰 예링의 〈권리를 위한 투쟁〉과 불교의 인욕수행과의 사이에 고민한다. 예링은 인격을 침해당한 경우에 참아서는 안된다며 소송을 하라고 부추기고, 불교의 『보왕삼매론』에서는 다음과 같이 말한다.

"억울함을 당해서 밝히려고 하지 말라. 억울함을 밝히면 원망하는 마음을 돕게 되나니, 그래서 부처님께서 말씀 하시되 '억울함을 당하는 것으로 수행하는 문을 삼으라' 하셨느니라."

나는 출세나 세속적인 부귀영화를 추구하는 삶과 정반대의 길을 걸으면서 인욕수행 없이 견디기 힘든 억울한 일들을 많이 겪었다. 그러다 보니 근원적으로 더 영적인 생활을 탐구하며 구도자의 삶을 선택하게 되었다. 나는 톨스토이의 에세이집『나의 참회, 인생의 길』(동서문화사)책을 밑줄쳐 가며 자주 읽는다. 이 책에는 인생의 모든 문제에 대한 톨스토이의 성찰과 어떻게 살아야 할 것인지에 대한 지침이 들어있다. 톨스토이는 무엇보다 영적인 성장을 위해 노력할 것을 강조한다. 내가 밑줄친 부분을 옮겨보면 다음과 같다. "우리들 각 개인의 임무는 오직 한 가지, 선한 삶으로 일관하는 것이다" "사람들은 자기의 영적 지혜를 늘리려 하기 보다 자기의 부를 늘리는 일에 천 배나 많이 마음을 쓴다." "부귀는 신에 대한 커다란 죄이며, 빈곤은 세상에 대한 죄이다." "육체적인 '나'로부터 벗어나면 벗어날수록, 그만큼 뚜렷하게 우리 내부에는 신의 모습이 드러난다." "육체적이고 동물적인 욕망에만 봉사하는 우리의 삶이 얼마나 진저리나도록 싫은 것인지 상상하는 것만으로도 충분하다." "동물적 자아에서 벗어나는 것은 진실하고 무한한 정신적 행복을 준다."

물질적이고 향락적인 삶보다는 구도의 삶을 좋아하는 나에게 쏙 들어오는 글귀들이다. 불교에서는 선행 공덕을 쌓는 일도 중요하지만 탐진치의 업보를 더 짓지 않는 것이 중요하다. 이를 위해서는 무수한 생을 되풀이 하는 동안 알게 모르게 지은 업장의 소멸을 위한 참회기도가 중요하다고 한다. 나는 주말에는 불교서적『자비도량참법』을 가지고 절에 가서 절을 하며 참회기도를 하고, 아침에 일어나면 법화경 사경으로 하루를 시작한다. 나는 기독교인은 아니지만 밤에 촛불켜고 앉아 성 아우구스티누스의『고백록』을 소리내어 읽는 것도 좋아한다. 그리고 아베 피에르 신부의『단순한 기쁨』을 읽은 환희심을 잊지 못한다. 어떻게 살 것인가를 고민하는 사람들에게 영적인 성장에 도움이 되는 책으로 권유하고 싶은 책들이다. 그리고 말없이 '베푸는 삶'과 '마음차원을 높이는 삶'을 추구하는 것이 최선이라고 말하고 싶다.

＊탐진치 : 탐욕(貪慾), 진에(瞋恚), 우치(愚癡)-탐욕, 분노, 어리석음

94년 MBC TV에 방송된 〈오변호사 배변호사〉라는 최초의 법률 토크쇼 진행 당시
오세훈 변호사, 영화배우 김혜수씨와 함께

PART 02

인권과
여성권익
디딤돌

아동매매·아동매춘·아동음란물 일
체를 아동 성착취로 다룬다. 원조교제
는 아동매춘이고, 아동에 대한 성착취
며, 성폭행범으로 취급하는 것이 세계
적 추세다. 미성년자의 성을 탐하는
성인들이 득실거리도록 방치하는 한
우리는 선진국가도 인권국가라고도
말할 수 없다.

위안부 진상
얼버무리려는 일본

일본 정부가 일제하 종군위안부 강제연행 사실을 일부 인정하는 선에서 이 문제를 매듭지으려는 움직임이 계속되고 있다.

일본 정부는 1997년 3월 한국에 살고 있는 종군위안부들을 면담해 증언을 듣겠다고 통고한 데 이어 한국의 새 정부를 상대로 종군위안부 2차 보고서에서 '강제연행'을 부분적으로 시인하는 선에서 이 문제를 매듭짓기 위한 협상을 줄기차게 시도하고 있다.

또 1997년 7월 27일 싱가포르에서 열린 아세안^(동남아국가연합)확대외무장관회담에서 무토 가분 일본 외상이 한승주 외무부 장관에게 8월중 종군위안부 강제연행 사실을 일부 인정하는 보고서를 발표하겠다는 방침을 전할 예정이라고 일본 신문들은 보도하고 있다.

일본이 진상규명 의지가 없다는 점은 처음에 "민간업자가 한일"이라고 부인하다가 "어떤 형태로든 일본군의 관여가 있었다"라고 하다가 "강제연행의 증거가 없다"라고 하는 등 태도를 바꿔온 과정과 일본이 패전하면서 전쟁범죄와 관련한 증거를 없앤 사실 (이 점은 극동군사재판소도 인정하고 있으며, 종군위안부 대량 사살도 이 때문이다), 미국이 1954년 일본에 넘겨준 일본인 포로명단 17만 여명의 신문조서조차 내놓지 않는 등 많은 사실에서 알 수 있다.

일본정부가 진실로 한국의 종군위안부 피해자들의 증언을 겸허하게 듣고자 하는 자세가 되어 있다면, 한국정신대연구회 소속 연구원들이 1년여 동안의 작업을 통해 확인한 남한에 살고 있는 종군위안부들의 생생한 증언을 채록한 『종군위안부들의 증언집』을 먼저 증거로 채택하여 솔직하게 '강제연행'을 인정해야 한다. 그런 다음에 일본정부 관리가 아니라 일본정부가 위임한 민간단체 전문가와 한국의 관련 민간단체가 함께 참여한 가운데 증언 청취가 이루어져야 한다. 그렇지 않고 일본인 관리 몇 명이 와서 종군위안부 피해자 몇 명을 만나서 몇시간 동안에 몇마디 말만 듣는 것만으로 그 엄청난 범죄사실에 관한 피해자 진술청취를 다했다고는 할 수 없는 것이다.

일본이 저지른 종군위안부의 범죄행위는 국제법상 불법행위에 해당하고 일본은 그에 따른 책임을 져야 한다. 국제법상 불법행위에 대한 책임은 완전한 진상규명, 철저한 배상, 진심의 사죄를 포함하고 있다.

일본정부는 그 책임의 1차적 의무인 진상규명조차 제대로 이행하지 않고 있으며, 오히려 지난 6월 오스트리아 빈에서 열린 세계인권회의에서는 앞으로 유엔인권소위원회가 종군위안부 문제를 의제로 삼지 못하도록 강력한 로비를 펼치기까지 했다. 이러한 일본의 태도는 나치 피해자 개인에게 충분한 보상금을 지불하고, 빌리 브란트 수상이 유대인 학살현장에 가서 엎드려 사죄하며 "독일민족의 이름으로 말로 다할 수 없는 정도의 범죄가 행하여졌으며 우리는 세계의 유대인에게 용서를 빈다"며 거듭 사죄한 독일의 태도와 참으로 비교가 된다 할 것이다.

일본정부가 현재와 같은 태도를 계속 취하고 있는 한 일본은 결코 인류의 신뢰를 받는 국가가 될 수 없을 것이며, 미래에도 계속해서 책임을 추궁당할 것이다.

한편으로 걱정스러운 것은 우리 정부가 증언청취 등 일본의 구색갖추기식 진상규명을 그대로 수용하려는 듯이 보이는 점이다.

우리 정부는 일본정부에 진상규명만 요청하고, 피해자에 대한 생계비 보조만으로 할 일을 다한 것처럼 소극적 자세에 머물지 말고, 정부 스스로 진상을 규명하고 자국민 보호차원에서 일본정부에 대하여 정당한 국제법상 배상청구를 하여야 하며, 절대로 일본정부의 태도를 수용해서는 안된다.

　한일 두 정부가 종군위안부 문제의 본질을 헤아려서 근본적 해결을 향한 공동의 노력을 기울이기를 촉구한다.

배금자 변호사는 1992년 대한변호사협회 인권보고서 '정신대문제의 전개과정'을 집필하였고, 대한변호사협회 정신대문제대책위원회 간사를 맡아 한국정신대문제대책협의회 사람들과 함께 국제회의에 참가하고, 유엔특별보고관을 만나는 등 종군위안부 문제를 국제사회에 알리는 초창기 과정에 많은 활약을 하였다.

'성희롱' 문제의
본질

우리나라 최초의 '성희롱 판결', 이른바 서울대 조교 우모양의 성희롱 사건에 대한 위자료 지급판결이 선고된 후 각 언론에서는 이 문제를 앞다투어 보도하면서, 마치 여성과 같이 일하는 직장에서 앞으로 여성에게는 함부로 말도 할수 없고, 처다볼 수도 없는 것처럼 희화적으로 보도를 하였다.

이러한 보도 태도는 사건의 본질을 제대로 알리지 못함으로써, 오히려 성차별적 사고에 물들어 있는 다수의 보수 남성들에게 거부감을 불러일으키고, 여성의 사회진출에 역작용을 일으키지 않을까 우려가 되었다. 그런데 《여성신문》이 인텔리서치와 함께 직장인 남

법정 에세이

녀 500명을 대상으로 여론조사를 실시한 결과, 서울대 우조교의 행동을 응답자의 80%가 '정당하고 용기있는 행동'이라고 긍정적 평가를 내렸다는 사실은 이러한 우려를 감소시켜 주었다.

그러나 UR이후 국제화를 외치는 소리가 어느 때보다 요란한데도, 한편에서는 특히 성에 관련해서는 우리 것(?)을 고수하고자 의식의 변화를 거부하는 소리도 강렬하다. 그런 사람에게 꼭 하고 싶은 말이 있다. 성희롱 문제만 하더라도(성폭력 문제에 대한 우리의식의 잘못된 점은 일단 접어두고) 외국에서는 여성의 인권과 노동권에 직결된 문제로 다루어진다는 사실을 알아야만 국제무대에 나가서 망신당하지 않을 것이다.

물론 외국여성에게는 '인간취급'을, 한국여성에게는 '여자취급'을 하는 태도라면 망신을 회피하는 길(?)일 테지만, 자신의 가족이 성희롱의 피해자일 때는 '여자는 집에 있어야 돼'라고 외칠지, 아니면 '우리집은 여자가 직장을 안가져'라고 자신있게 외칠지 궁금하다.

우리나라에서는 성희롱에 대한 명문규정이 없는 관계로, 성희롱의 한계가 어디까지인지에 대하여 제대로 알수 없었고, 이 때문에 남녀관계에서 흔한 어떠한 성적농담이나 가벼운 신체접촉도 안되는 것으로 극단적으로 오해를 불러일으켰다.

성희롱문제는 미국에서는 고용상의 성차별문제로 다루어 왔으며(미국에서는 섹슈얼 허레스먼트라고 부름), 이미 1980년에 가이

드라인을 제정하고, 수없이 많은 판례를 통하여 그 기준과 한계가 형성되어 왔고, 일본에서도 1989년부터 명문규정은 없으나 판례를 통하여 성희롱의 한계와 기준을 제시해 왔다. 또한 현재는 성희롱 방지 법률안이 국회에 상정되어 있다.

이미 1985년 나이로비 세계회의에서도 "정부는 직장에 있어서 성희롱을 방지하기 위한 적절한 조치와 법적조치를 강구해야 한다"고 했고, ILO 71회 총회(1985년)에서 채택된 〈고용에 있어서 남녀의 균등한 기회 및 대우에 관한 결의〉에서 "직장에서의 성희롱은 여자 종업원의 노동조건, 고용승진의 전망을 해하는 것이므로 성희롱을 방지하고 예방하기 위한 조치를 취해야 한다."고 규정했다.

이상과 같이 성희롱은 어디까지나 직장에 있어서의 성차별을 방지하기 위한 목적에서 출발한 것이고, 그 한계와 기준도 직장에서의 일할 권리를 침해당한 것인가에 초점이 있다. 이에는 이미 보편화된 두 가지 기준이 있다.

첫째, 성희롱에 복종하는가, 거절하는가에 따라서 고용관계에 있어 이익(승진, 급여 인상)이나 불이익(좌천, 해고, 재임명 거부, 비협력, 월급 감소, 일을 안주는 것 등)을 주는 경우다.

둘째, 이러한 성희롱이 직장에서 일하는데 업무에 지장을 주고, 불쾌하고 적대적이며, 강박관념을 갖게 하는 노동환경을 초래하는 경우가 그것이다.

성희롱의 유형에는 데이트 요구, 신체접촉, 성관계 요구, 징그러운 눈빛으로 쳐다보는 것, 음담패설, 성적모욕, 직장에 포르노 사진 등을 붙이거나 보게 하는 것 등 직·간접적 성적 언동과 환경창출들로 유형이 다양하다. 그러나 이러한 것이 모두 위법한 것이 아니라, 어디까지나 고용관계에서의 대가관계가 되었거나 직장환경을 악화시켜서 일할 권리를 침해한 경우에 위법성을 갖게 된다.

그러므로 가벼운 성적농담이나 제스처, 신체접촉 등의 언동이 서로의 인격을 존중하고 호의적인 것이며 승낙 가능한 범위내의 것일 때는 결코 위법성을 갖지 않는다. 즉 여성을 인격적으로 존중할 때 성희롱은 일어날 수 없고, 인간관계에서 흔히 일어나는 농담과 신체접촉 등이 성희롱으로 문제될 수도 없다는 사실이다.

우양사건에서 판결은 성희롱의 기준과 한계에 대하여 "직장 내에서 근로자에 대한 지휘명령권이나 인사권을 가지거나 실질적인 영향을 미칠 수 있는 자가 근로자의 의사에 반하여 성적 언동과 요구를 하여, 이에 대한 거절과 복종이 근로자의 고용여부와 근로조건의 결정에 영향을 미치고, 근로자의 근로환경을 불쾌하고 열악하게 만든 것"이라고 정의한다.

그것은 "근로자 개인의 존엄과 행복추구권, 인간의 존엄성이 보장되는 근로조건에서 일할 권리 및 개인의 성적 자유에 대한 침해일 뿐만 아니라 헌법과 근로기준법, 남녀고용평등법에서 보장하고 있는 근로조건에서의 차별을 받지 않도록 한 원칙에 위배되는 행위"
라고 정의를 내림으로써, 이상의 보편적 기준을 따랐다.

그런데 외국에서는 성희롱 가해자 뿐만 아니라 사용자에게도
성희롱 방지의무를 부여, 연대책임을 지우고 있기 때문에 사원에 대
한 사전예방교육이 무엇보다 잘 실시되고 있고, 행위가 발생하면
피해자는 행위중지청구도 할 수 있게 되어 사전예방쪽으로 기울고
있다.

그런데 우리나라에서는 이번 우조교사건에서도 사용주인 국가와
서울대 총장의 책임이 부정되었는데, 사용자가 이 사실을 알게 되
었으면서도 방지하기 위한 적절한 조치를 취하지 아니한 경우에는
연대책임을 지우는 것이 바람직하다고 본다. 그리고 성희롱문제는
피해자 개인의 문제로만 보기보다 바람직한 직장환경의 문제로 인
식하여 노사간에 힘을 합하여 이를 추방하기 위한 노력을 기울여
야 할 것이다.

우조교 성희롱 사건은 법률로 성희롱에 대한 정의나 이를 금지하는 명문규정이 없는 상
태에서 민법상 불법행위의 이론에 의거하여 최초로 판례를 만들어낸 사건이다. 필자는
우조교 성희롱 사건의 공동변호인으로 참여하여 최초의 판례를 만들어내는데 기여하였
다. 이 사건 후 성희롱의 금지를 명문규정화한 1999년 2월 '남녀차별금지 및 구제에 관
한 법률'이 제정되었고, 남녀고용평등법, 국가인권위원회법으로 성희롱에 대한 명문규정
이 변천되면서, 성희롱에 대한 예방교육과 피해구제가 적극적으로 이루어지게 되었다.

가정폭력방지법
제정하라

—

올해는 유엔이 정한 '세계가정의 해'이고, 5월은 우리가 정한 '가정의 달'이다. 가정의 평화는 그 사회의 평화와 민주주의의 밑거름이므로 이를 실현하기 위하여 국제적, 국가적인 노력의 한 방법으로 세계가정의 해가 정해진 것이다. 그러나 아내구타와 아동학대로 대별되는 우리 사회의 가정폭력 실상은 가정평화를 무색하게 하고 있다.

1992년도 형사정책연구원의 조사결과에 따르면 기혼여성의 45%가 매를 맞고 살고 있다. 1989년 한국갤럽연구조사 결과 기혼남성의 57.5%가 배우자를 때려본 적이 있고, 1992년 보사부에서 전국 여성을 대상으로 한 조사결과도 기혼여성의 65%가 남편의 학대를 받고 있는 것으로 나타났다.

한국여성의 전화 1993년 상담결과는 대담자중 3주 이상 진단을 받은 여성이 23%에 이르고, 26%가 칼 등 흉기로 폭력을 당했다는 사실이 우리 사회의 가정폭력의 심각성을 잘 말해주고 있다.

그리고 우리나라에서 가정폭력이 어떻게 다루어지고 있는지 그 실상을 알면, 왜 가정폭력방지법의 제정이 필요한지를 이해할 수 있게 된다. 우선 가정폭력관련 법률로 형법과 특별법인 폭력행위 등 처벌에 관한 법률이 있다.

형법에는 사람을 상해하거나 폭행으로 인하여 상해를 가한 때는 '7년 이하'의 징역 또는 벌금에, 자기의 보호를 받는 사람을 학대한 때는 '2년 이하의 징역 또는 벌금'에 처하도록 되어 있다.

폭력행위 등 처벌에 관한 법률에는 형법상의 상해, 폭력치상의 죄를 상습적으로 흉기, 기타 위험한 물건을 휴대하여 범한 때는 '7년 이상'의 징역에 처하도록 하여 가중처벌하고 있다.

실제 일반인 사이의 상습범이나 흉기를 사용한 폭력사범은 이 특별법이 적용되어 구속되며 실형이 선고되는 것이 통상 관례다.

가정폭력의 대부분은 바로 폭력행위 등 처벌에 관한 법률에 규정한 상습적인 흉기사용의 폭력에 해당된다. 그러므로 남편이 아내를 구타하거나 자식을 학대한 경우에도 특별법을 적용하여 그 정도에 따라 가중처벌해야 마땅하며 오히려 일반인 사이의 범죄행위보다 더 무겁게 처벌하는 것이 옳을지도 모른다.

그런데 법집행의 실상은 어떠한가. 우리의 법집행 현실은 남편이 아내나 자식을 구타한 때는 폭력행위 등 처벌에 관한 법률을 적용하지 않고(남편이 아내 등을 구타할 때 제외한다는 규정이 없는데도), 형법을 적용할 뿐이며 그나마 대부분 벌금이나 기소유예, 선고유예 등 가벼운 처벌만으로 끝난다.

아내가 남편의 상습적 폭력을 견디다 못해 경찰에 신고하면 경찰관은 '부부싸움이군'하고 대수롭지 않게 취급해 버리고, 마지못해 경찰서로 대동했더라도 부부끼리 해결하라면서 다시 돌려보내 버린다.

아내가 진단서를 첨부해서 남편을 고소한 경우는(대부분 이혼소송도 같이 낸 상태다) 검찰과 법원에서는 고소한 아내를 '남편을 고소한 나쁜 여자'로 몰아세운다. 그러나 고소당한 남편은 아내를 구타하여 중상해를 입혔다 해도 일반 폭력사범과 확실히 다르게 '대접'받아서 관대한 처분으로 종결되고 있다.

가정폭력에 대한 이웃의 인식은 어떠한가. 옆집에서 아내가 남편한테 구타당하여 비명소리가 들려도 자식이 맞거나 감금당하여 학대를 당해도, 이웃은 그것은 '가정문제'라고 인식하여 신고도 개입도 안하고 나중에 증인이 되어 주는 것도 꺼린다.

이러한 우리의 현실에서는 구타남편은 아무리 아내와 자식을 구타하여도 처벌의 두려움이나 수치심조차 갖지 않고 마음껏 상습적으로 폭력을 휘두르는 것이 가능하게 되므로 가정폭력범이 늘고 있는 것이다.

반면 구타당하는 아내와 학대받는 아동은 인권이 침해당해도 법에 호소할 길이 없으므로 도망을 가거나 친정에 피신하는 등으로 해결하는 길밖에 없다. 결국 구타당하는 아내가 최종 선택할 길은 이혼소송을 하여 위자료 몇 푼(이혼 위자료는 통상 3,000만 원을 넘는 경우가 드물다)을 받는 길이다.

이러한 왜곡된 법집행과 사회인식의 원인은 무엇보다도 가부장적 사고방식이 오랫동안 지배한 결과라 할 수 있다. 남편은 그 집안의 가장이고, 가장은 그 가정을 다스릴 수 있다는 사고방식으로 인하여 그러한 현상이 일어나면 남이 간섭할 수 없는 '가정문제'라는 인식이 여전히 팽배해 있기 때문이다. 그래서 가정폭력을 '범죄행위'로 보지 않는다. 법이 있어도 적용이 안 되는 것이다.

미국이나 유럽 국가에서는 남편이 아내나 자식을 구타했을 때 이웃은 신고하고, 경찰은 즉시 출동하며, 그 남편은 구속되거나 일정기간 가정에 돌아가지 못하는 격리명령까지 받게 된다. 한마디로 구타는 '범죄행위'이며, 남편의 가정폭력은 아내와 아동의 인권을 유린하는 사회적 범죄행위이므로 사회와 국가가 이를 방지하고 있는 것은 당연한 현상이다.

우리는 뿌리 깊은 가부장제 문화속에서 유린당하는 아내와 아동의 인권을 현재의 법제만으로는 보호할 길이 없다는 것을 알게 된다. 하루빨리 가정폭력방지법을 제정하여 남편의 아내구타, 아동학대가 더 이상 가정문제만이 아닌 명백한 범죄행위라는 인식을 갖게 하고, 엄중히 처벌하도록 할 때 비로소 가정의 평화를 저해하는 가정폭력이 줄어들 수 있게 되고 구타당하는 아내와 아동도 보호받을 수 있게 될 것이다. 이렇게 될 때 비로소 우리사회의 진정한 평화와 민주화가 앞당겨 실현될 것이다.

'94년 5월 17일 《세계일보》에 기고한 칼럼 「가정폭력방지법 제정하라」에서 아내구타와 아동학대로 대별되는 우리 사회 가정폭력문제의 심각성을 제기하였는데, '가정폭력방지 및 피해자 보호 등에 관한 법률'이 '97년 12월에 제정되었다. 이후 법개정을 통해 가정폭력 신고를 받고 출동한 경찰관이 강제로 집안에 들어가 폭력을 제지하고 피해 상황을 조사할 수 있는 근거도 마련되었다.

여성의
취업조건

지난 5월 25일 한국여성민우회 전교조 참교육 시민모임은 최근 고졸여사원을 모집하는 과정에서 직무수행과 관련이 없는 용모, 신체조건을 채용조건으로 명시한 44개 기업체 대표들을 남녀고용평등법 제6조 모집채용상의 금지, 헌법 제11조 1항 평등권, 헌법 제32조 1항의 근로의 권리 위반을 이유로 집단 고발했다.

그 기업체들이 내세운 여사원 채용조건은 한결같이 첫째는 용모단정, 둘째는 키(대체로 160㎝이상 요구), 셋째는 체중(대체로 50kg이하 요구)이다. 이러한 조건을 내세운 기업체들은 금융기관,

평등한 일터

92

보험사, 백화점, 의류, 자동차, 전자회사 등 국내 유수의 대기업체가 총망라되어 있다. 이들 기업체는 고졸여사원을 채용하는데 있어서 외모와 신체조건을 가장 우선하고 있으며, 성적이 아무리 우수하고 자격증을 많이 보유하여도 외모와 신체조건에서 미달되면 채용하지 않는 것이 오래전부터 관행이 되었다 한다.

여기서 말하는 외모와 신체조건은 한마디로 예쁘고 날씬한 여자를 지칭하는 것이다. 이런 실정이니 실업고졸업 여학생의 취업순위는 능력과 실력에 있는 것이 아니라 오로지 예쁜 얼굴과 날씬한 몸매에 달려있게 되었다.

그래서 실업고 여학생은 취직을 위해서 학교공부나 기능자격증 취득, 교양과 지식의 함양에 힘쓰는 것보다 예뻐지고 날씬해지기 위해 더 많은 돈과 시간을 들여야 하는 실정이다. 실업고 여학생들 사이에는 심지어 쌍꺼풀수술 등이 유행하고 있으며, 학교에서도 이러한 현상을 방기하고 있다고 한다. 그런데 작은 키는 아무리 해도 크게 할 수 없으니까 작은 키를 가진 여학생은 미리 절망하게 된다고 한다.

이쯤 되면 학교교육의 파행이 어느 정도이고, 자라나는 청소년에게 미치는 악영향이 얼마나 지대한지 짐작하고도 남음이 있으리라.

가정형편이 어려워 실업고를 택한 학생들의 희망은 취직해서 가정을 돕고 빨리 자립하고자 하는 데 있다. 그들의 꿈을 사회가 키워주고 도와주지는 못할 망정 자신의 노력과 선택으로 바꿀 수가 없는 천성적으로 타고난 생김새나 키와 같은 신체조건으로 그들의 길을 막아버릴 때 그들의 절망과 슬픔은 어떠할 것인가를 기업은 한번이라도 생각해 보았는가.

기업이 미인 콘테스트를 하는 것도 아니고 영업직 또는 사무직 사원으로 직원을 채용하는데, 왜 여자에게는 유독 '능력과 실력'보다는 '예쁜 얼굴과 날씬한 몸매'를 더욱 중요한 조건, 아니 취업에서 거의 절대적 조건으로 삼을까.

그 이유는 한마디로 우리 기업들은 아직도 여자를 직장의 꽃으로 보고 있기 때문이다. 여자는 성적 대상으로서의 존재에 더 큰 가치와 의미가 있을 뿐 능력과 실력은 남자에 한해서 중요하다는 생각을 갖고 있기 때문이다.

이러한 우리 기업체의 여성인력에 대한 시각은 대단히 전근대적이고, 전세계적인 추세에도 역행하는 것이다. 외국에서는 뚱뚱하고 못생긴 아줌마 또는 할머니 비서나 스튜어디스, 은행원 등도 흔히보게 된다. 그것은 여성이 미모와 신체조건으로서가 아니라 전문적 능력과 소양으로 평가되고 능력이 존중되는 선진사회라는 증거다.

여성의 능력이 존중되고 발휘될 수 있을 때 그만큼 그 사회는 건강하고 발전해 갈 수 있다. 여성도 남성과 똑같이 인간으로서의 존엄과 가치로 존재하는 것이며, 직장에서의 일에도 그 능력과 성실성, 정직성 등 품성으로 평가되어야 한다. 이것은 민주국가의 헌법이 보장하는 가치이며 선진사회의 필수적 조건이다.

그런데 오히려 선진사회를 지향하고 민주주의를 표방하는 우리나라에서는 기업들이 이와 같이 시대를 역행하는 행위를 공공연히 하고 있다. 또한 이번에 고발당한 어느 기업체는 "은행창구의 카운터가 너무 높은 편이라 키가 너무 작으면 서비스하는데 불편한 점이 많아서" "가급적 키가 크면 좋을 것"이라는 말을 했다고 하며, "도대체 무엇을 잘못했는지를 모르겠다"고까지 말하는 기업체도 있다고 한다.

당국에서도 지금까지 이러한 기업들의 잘못된 취업관행을 방관만 하고 있었고, 심지어 여성단체가 고발하자 수사기관에서는 그것이 과연 남녀고용평등법 제6조의 모집과 채용에 있어서의 차별이라고 할 수 있는가라고 고민하고 있다는 소리도 들린다. 이 모든 것이 도무지 믿어지지 않는 우리 현실이며 참으로 개탄하지 않을 수 없다.

남녀고용평등법 제6조(모집과채용)의 규정은 "사업주는 근로자의 모집 및 채용에 있어서 여성에게 남성과 평등한 기회를 주어야한다."고 되어 있는데, 남성을 채용할 때는 제시하지 않는 조건을 여성을 채용할때 특별히 조건으로 제시하는 것, 그것이 바로 '모집 및 채용에 있어서 여성에게 평등한 기회를 주지 않는 것'에 해당함은 분명하다.

이번에 고발당한 44개 기업체의 행위는 피해여성 개인에게 상처를 주었을 뿐만 아니라 여성전체를 모독한 것이며, 학교교육과 사회윤리, 인간의 고귀한 가치를 훼손하고 여성의 기본권을 침해한 것이다. 그러므로 앞으로 다시는 이런 일이 일어나지 않도록 할 조치가 필요하다.

그런데 현행 남녀고용평등법상 이러한 기업체의 악질적 행위에 대하여 고작 250만 원 이하의 벌금형으로 처벌할 수밖에 없는 실정이니, 이것이 기업에 효과적인 제재수단이 전혀 안된다는 것은 명약관화하다. 조속히 남녀고용평등법을 개정, 처벌규정을 강화해야 하며 해당기업의 물품구매거부운동 등을 벌이거나 언론에서 문제 삼는 등의 조치가 필요하다.

'94년 6월 17일 《세계일보》에 기고한 칼럼 「여성의 취업조건」에서 남녀고용평등법상 보장된 여성의 기본권을 침해하는 행위는 인간의 고귀한 가치를 훼손하는 행위라 비판함과 동시에 법 개정을 촉구하였다. 이후 '07년 12월 21일 '남녀고용평등과 일·가정 양립지원에 관한 법률'로 법개정이 이뤄졌다.

문민 인권정책
어디로

김영삼 대통령은 작년 2월 취임사에서 "문민정부는 민주주의에 대한 국민의 불타는 열망과 거룩한 희생으로 이루어졌다"면서 "험난했던 민주화의 도정에서 오늘을 보지 못하고 애석하게 먼저 가신 분들의 숭고한 희생 앞에 국민과 더불어 머리를 숙인다"고 하였다.

문민정부는 그동안 과거의 비리를 척결하는 사정을 과감히 추진해 왔다. 안기부와 기무사의 기구를 축소하고 정치사찰을 중지시켰으며 군 개혁을 단행하여 군내 사조직을 발본색원하였다. 부정축재 공무원을 공직에서 추방하였고 만성적인 입시부정 등 교육계의 비리도 척결하였다. 또한 대통령 자신이 직접 정치자금을 받지 않겠다고 선언하여 부정부패 척결에 대한 강력한 의지를 표명하였을 뿐만 아니라 금융실명제를 단행하여 정치와 경제의 검은 유착을 근원적으로 단절할 수 있는 제도적 개혁까지 단행하였다.

인권정책과 관련하여 문민정부는 외형상 큰 변화가 있었다.

현정부는 출범직후 많은 시국사범을 석방하고 사면 복권시킨바 있다. 또한 정부는 국제화시대를 맞이하여 '문민정부'라는 자신감을 바탕으로 과거 군사독재정권 시절의 방어적 입장을 벗어나 인권분야에서 적극적인 외교를 펼쳤다.

작년 빈에서 개최된 유엔 주최의 세계인권대회에 인권대사를 파견하고 한승주 외무장관은 세계 정부대표와 인권운동가들 앞에서 다른 나라의 인권개선을 촉구하기도 하였다. 또한 한 장관은 지난 7월 18일부터 20일까지 서울에서 개최된 제3차 아·태지역 유엔인권워크숍에서 연설을 통해 인권분야의 공동현안에 관한 의견과 정보를 교환하기 위하여 정기적으로 개최되는 아·태지역 인권포럼을 설립할 것을 제안하여 다른 나라의 긍정적인 지지를 받기도 하였다.

그러나 전체적으로 볼 때 인권에 대한 문민정부의 정책은 실망스러운 수준이다. 무엇보다도 과거 권위주의 체제하에서 자행된 인권침해 사례들에 대한 청산작업이 거의 이루어지지 못하고 있다. 고문, 강제전향, 의문사, 도청, 연금 등 심각한 인권유린 사태에 대한 조사, 사과, 배상, 원상회복은 폭압적 군사정권이 무너지고 민주화의 길로 들어선 나라들의 공통된 요구들로써 우리나라의 경우도 크게 다르지 않다. 신군부에 의한 '쿠데타적 사건'으로 규정된 12·12사태의 책임자에 대한 처벌이나 문민정부가 그에 대한 명예회복 등의 조치가 실질적으로 취해지지 않고 있다.

둘째, 반민주악법의 개폐작업이 지지부진하다. 안기부법의 일부 개정과 통신비밀보호법의 제정작업이 있었지만 지난 92년 유엔 인권이사회는 한국정부가 제출한 인권보고서를 심사한 뒤 국가보안법의 단계적 철폐를 권고한 바 있고 금년 봄에는 미국정부가 공식적으로 국가보안법의 개폐를 요구하고 있다.

또한 우리나라도 가입한 국제노동기구는 금년 6월 한국의 제3자개입 금지조항,복수노조 금지조항, 공무원의 노조결성 금지조항 등을 국제노동기구의 결사의 자유 원칙에 맞춰 개폐하라고 정식으로 권고결정을 한 바 있다.그럼에도 정부는 이를 개정하기는 커녕 지난 전기협사태에서 보듯이 제3자개입 금지조항 위반으로 다수의 노동운동가들을 구속하였거나 수배조치를 취하였다.

셋째, 적법절차를 무시한 법집행이 자행되고 있다. 조계사 폭력사태에서 보았듯이 공권력이 형평성을 잃고 자의적으로 집행된다든지 또는 마구잡이식 연행과 체포 그리고 강압적인 진압작전

이 그것이다.

또한 경찰은 학생운동지도자들을 구속영장없이 연행하면서 대학구내의 시설물을 불필요하게 파손하였으며 연행 시 반드시 고지하게 되어 있는 체포의 이유와 구금의 장소, 그리고 그들이 묵비권을 행사할 수 있으며 변호인의 조력을 받을 권리가 있다는 사실을 전혀 알려준 바가 없다. 헌법상 보장되어 있는 변호인의 접견과 가족들의 소재확인 요청도 거부당하였다.

대통령의 시찰장소 부근을 제대로 청소하지 않았다는 이유로 구청 청소미화원을 영장없이 연행하여 처벌하겠다고 협박하기도 하였다. 인권과 정의는 개혁과 민주화의 목적이자 척도다. 인권신장 없는 민주화나 정의구현 없는 민주화는 허울 뿐인 민주화에 불과하다. 법과 질서의 확립은 민주사회의 초석이지만 그것은 어디까지나 적법절차에 따라서 그리고 국민이 공감할 수 있는 법률에 근거하여 이뤄져야 한다.

"부정한 수단으로 권력이 생길 때, 국가의 정통성이 유린되고 법질서가 무너지게 되고 목적을 위해서 절차가 무시되는 편법주의가 판을 치게 된다."는 대통령의 취임사를 다시 한 번 되새겨볼 필요가 있다.

성희롱
항소심에 대하여

　　　　　　　이번 서울대 우조교 성희롱사건의 항소심판결은 1심의 원고승소판결로 인해 우리사회에 만연되던 잘못된 풍토, 즉 여성을 인격적 주체로서가 아니라 성적대상으로 삼아오던 풍토에 경종을 주고, 모처럼 바로잡혀 가던 사회분위기를 일시에 거꾸로 돌리는 효과를 주고 있어 우려를 자아내고 있다.

　　이 판결은 '성적 괴롭힘' 이라는 용어로 종전의 '성희롱' 이라는 표현을 바꾸어 부르면서 제시한 기준과 입증의 범위, 사실인정 및 위법성의 판단에 이르기까지 많은 문제를 내포하고 있다. 우선 재판부가 '성적 괴롭힘'이 위법성이 있다고 판단하기 위해 필요하다고 제시한 조건을 보자.

재판부는 "성적 괴롭힘은 노골적으로 성적인 의도가 분명히 간취될 수 있어야 하며, 행위형태는 중대하고 철저한 것이라야 한다"고 했다. 그런데 실제로 일어나는 성적 괴롭힘은 음험하면서 더 악질적으로 자행되는 것이 많다. 어떤 미친 남자가 노골적으로 성적 의도를 분명히 간취할 수 있는 행동을 드러내놓고 할까. 이 경우만을 규제하겠다고 하면, 대부분의 성적 괴롭힘은 문제삼지 말라는 것이고, 음험한 남성들에 의해 피해받는 여성은 참으라고 하는 것밖에 안된다. 미국의 판례는 신체접촉 등 직접행동이 있었을 때는 위법성을 쉽게 인정한다.

단순한 데이트 권유 등 언어에 의한 것도 그것이 일회적이고 단기간의 것이라도 이성의 노동환경에 중대한 영향을 끼칠 정도의 것이라면 위법성을 인정한다. 더구나 상급자에 의한 것이나 은밀한 장소에서 일어났을 때는 더욱 그렇다.

재판부는 성적 괴롭힘은 은밀하고 사적인 공간에서 주로 발생하기 때문에 함부로 국가공권력이 개입하면 남녀 간의 애정관계가 한 쪽의 배신으로 공개되고, 관련된 개인의 프라이버시가 침해될 우려가 있다고 했다. 그러면서 여성입장에서도 원하지 않는 성적 접근을 대하였을 때 이를 명백히 표시하여야 한다고 했다. 성적 괴롭힘은 그로 인해 피해자의 인격과 근로권이 침해되는 것이므로 강간·폭행과 마찬가지로 국가가 개입해야 하는 것이고, 사생활의 보호영역이 될 수 없다.

심지어 사생활이라고 하는 간통죄에 있어서도 상간자들은 사랑하는 마음으로 하지만, 다른 배우자의 권리가 침해되기 때문에 국가가 개입하는 것이다.

그러므로 이 사건에서 배신 운운, 사생활보호 운운하는 논리는 도저히 어울리지 않는다. 또 인사권이나 지휘권을 갖는 상급자에 의해 저질러질 때 하급자가 명백히 거부의사를 표시하라고 요구하는 것은 해고를 감수하면서까지 자기인격권을 지키라는 요구 밖에 안 된다. 이는 강간죄에 있어서 생명을 걸고 최후의 저항을 하면서 정조를 지키라는 요구와 같은 것이다. 거부의사가 암묵적이든, 어떤 형태로든 싫고 원하지 않는 것이면 되는 것이지, 소중한 직장을 잃을 위험을 감수하면서 인격권을 지킬 것을 요구할 수는 없다.

또 재판부가 원고에게 입증을 요구하는 범위를 보자.

재판부는 환경형의 성적 괴롭힘에 있어서는 그 자체가 피해자의 업무수행에 부당히 간섭하고 적대적·굴욕적 근로환경을 조성함으로써 실제로 피해자가 업무능력을 저해당하였거나, 정신적 안정에 중대한 영향을 끼친 점을 피해자가 입증해야 한다고 했다.

위법한 형태의 성적 괴롭힘이 인정된다면, 이것은 경험칙상 인정하여야 한다. 강간·폭행의 경우, 입증이 없어도 경험칙상 정신적 고통을 인정하는 것처럼.

이제 재판부가 사실인정을 한 증거채택 방법을 보자.

재판부는 원고주장 사실에 부합하는 증거는 모조리 믿을 수 없고, 원고주장을 전언한 데 불과한 것이라는 논리도 믿지 않았다. 심지어 피고한테 성희롱당했다는 제3의 여성의 진술서도 원고 의도대로 작성된 것이어서 믿을 수 없고, 심지어 제3의 여성과의 관계는 이 사건과 무관한 사생활보호 영역이라고까지 판시하면서 무시해 버렸다.

피고의 성편력은 이 건에 있어서 중요한 판단요소가 된다. 그런데도 사생활보호라고 해서 애써 무시해 버린 항소심 판결이 과연 논리칙과 경험칙에 입각한 정당한 판결이라 할 수 있을까.

재판부는 피고가 원고에게 의도적으로 등에 손을 대고 어깨를 잡고, 입방식을 하자고 하고, 머리를 만지기도 하며 위아래를 훑어보며 몸매를 감상하는 듯한 언동을 한 것은 인정된다고 하면서, 이것은 가벼운 신체접촉이며, 농담 또는 호의적이고 경미한 것이어서 위법성이 없다고 판단하였다.

이러한 사실마저 경미한 것이고, 호의적이라고 판단한 항소심 판결에 결론적으로 여성인격을 어떻게 보고 있는지 의구심마저 든다. 지극히 봉건적·보수적인 남성의 입장을 옹호하기 위한 판결이라고 비난하지 않을 수 없다.

성역할
고정관념을 깨야

1999년 7월 1일부터 〈남녀차별금지 및 구제에
관한 법률〉이 시행됨에 따라 교육부가 업무처리요령을 각 교육기
관에 보냈다고 한다. 그 속엔 여학생에게는 결혼과 가정생활을 전
제로, 남학생에게는 직업을 전제로 남녀역할에 대한 편견을 갖게
하거나 성별에 따른 차별적 교육이나 지도를 못하게 하는 내용도
담겨있다. 필자가 25년 전 남녀공학 중학교에 다닐 때 남학생은 기
술과목을, 여학생은 가정과목을 배워야 했다. 나는 왜 여학생이 기
술과목을 배울 수 없고, 남학생에겐 가정과목을 가르치지 않는지
를 선생님에게 물었다. 선생님은 "여자는 살림을 하고, 남자는 사

회에 나가 직업을 가지기 때문"이라고 대답했다. 또 대학시절 학교는 고시준비 남학생을 위해 도서관의 일부를 전용구간으로 제공하였다. 그러나 필자는 여자라는 이유로 전용구간 출입을 거부당했다. "여자가 들어오면 남학생들 공부가 방해된다."는 것이었다. 총장을 찾아가 헌법과 행정법까지 들이대며 따진 끝에 기어코 출입권을 확보했다.

25년이 지난 지금도 우리 사회 곳곳에 성역할 편견과 고정관념은 여전히 만연해 있다. 성역할 편견과 고정관념이 성차별의 주된 원인이 될 뿐 아니라, 그 자체가 성차별이 된다는 사실을 잘 모르는 것 같다. 그보다 더 심각한 것은 그것이 성역할 편견과 고정관념에 해당한다는 사실도 자각하지 못하는 사람들이다. 가사와 육아문제는 여자들이 할 일이라고 생각하는 것, 여자가 결혼하면 쉽게 직장을 그만두는 것, 남편만 공부시키고 남편 출세를 돕고 사는 것이 여자의 미덕으로 생각하는 것, 기혼여성의 직업은 '부업'이라고 생각하는 것, 방송 프로그램에서 남자는 주연으로, 여자는 보조로 만드는 것 등등 헤아릴 수 없이 많다. 몇해 전 하버드 로스쿨에 다닐 때 여자인 부학과장이 연단에서 허리춤에 손을 얹고 행동하는 것을 어떤 한국남자는 몹시 거슬려했다. 나는 우리나라 모 여성장관이 허리춤에 손을 얹었다는 이유로 언론에 대서특필된 사건이 떠올랐다. 올브라이트나 재닛 리노와 같은 미국의 여성장관들이 그랬더라도 한국기자들이 똑같은 반응을 보였을까.

몇달 전 아파트 엘리베이터 안에서 할머니가 손자에게 "남자는 설거지를 하면 안돼"라면서 야단을 치는 것을 보았다. 아 또 한 명의 '한국남자'를 키우고 있구나!라는 생각이 퍼뜩 스쳤다.

미국의 여성들은 소송을 통해 법적 제도적 성차별을 몰아내는데 성공하였다. 미국엔 잘못된 관습에 좇아 정의를 외면하는 판사들을 용납하지 않는 시스템이 되어 있고, 성역할 고정관념을 성차별로 인정하는데 적극적인 연방대법원이 있다. 우리는 어디에서부터 시작해야 할까. 성 고정관념에 깊이 물든 여성들과 남성들이 지배하는 이 사회에서 그들의 의식을 바꾸는 교육이 급선무일 것이다.

그런 의미에서 교육부의 이번 방침은 늦었지만 학교에서 자행되는 성역할 고정관념의 교육이 미치는 해악을 인식하였다는 점에서 다행이 아닐 수 없다. 성역할 고정관념이 사라질 때 이 땅의 여성들은 비로소 인격체로 동등한 대우를 받고 능력에 따라 사회와 국가 발전에 기여하는 인적재원으로 활약할 수 있게 될 것이다.

노근리와
위안부

　　미국 워싱턴DC에 있는 한국전 참전용사 추모관에 이런 문구가 새겨져 있다. "그들이 한번도 만난 적 없는 사람들과 전혀 모르는 나라를 지키기 위해 도와달라는 요청에 응했던 우리의 아들 딸들에게 조국은 삼가 경의를 표한다."

　　필자는 이 추모관에서 가진 미국의 인류애정신에 대한 감사의 마음을 지금도 간직하고 있다. 99년 9월 29일, AP통신의 〈노근리 양민 학살사건〉 보도는 반세기 동안 역사에 묻혀 있던 진실을 밝혀내는 데 결정적 역할을 했다. 미국 언론의 진실보도 정신에 다시 감동했다.

그러나 노근리 사건은 그들에 대한 감사나 감동의 마음으로 끝날 문제가 아니다. 비록 우리 조국이 위태로웠을 때, 미국이 우리를 흔쾌히, 헌신적으로 도왔지만, 우리의 무고한 양민 수백 명을 무참히 집단살해하고 그 사실을 반세기동안이나 숨기는 반인도적 행위를 동시에 저질렀기 때문이다.

노근리 사건은 일본군위안부 사건과 적용될 국제법규, 해당국가의 태도 등에서 유사점이 많다. 노근리 사건도 일본군위안부 사건과 같이 국제법을 적용해 해결하는 것이 효과적이다. 적용될 대표적 국제법은 강행규범인 국제관습법 중 반인도적 범죄행위, 집단학살, 전쟁범죄 등이다.

강행규범인 국제관습법이 국내법과 비교해 가장 큰 특징은 보편적 관할권을 가지고 시효가 적용되지 않는다는 것이다. 보편적 관할권으로 세계 어느 나라에서도 국제관습법 위반 범죄자들을 체포, 기소해 재판할 의무와 권리가 있게 되고, 모든 나라가 범인을 정당하게 구성된 국내법정이나 국제형사재판소에 인도할 의무를 지게 된다. 따라서 국내법에 의할 경우 가해국의 협조 없이는 범인의 체포·인도·재판이 거의 불가능하게 되는 것과 대조적이다.

또 노근리 사건은 국내법에 의할 경우 민사상 불법행위는 10년이 지나면 시효경과로 손해배상을 청구하지 못하고, 형사처벌도 15년이 지나면 공소시효가 끝나서 불가능하게 되나, 국제법의 적용으로 피해자의 민사상 손해배상청구와 가해자에 대한 형사처벌이 시효에 걸리지 않고 언제든지 가능하게 되는 것이다.

따라서 미국 정부는 관련자를 형사법정에 세우거나 한국의 법정에 인도할 의무가 있고, 피해자 유족에 대해 민사배상의 의무가 있다. 한국 정부도 미국 정부에 이러한 요구를 할 책임이 있다.

노근리 사건에 대해 한국과 미국 정부가 취해온 그동안의 태도는 일본군위안부 문제에 대해 일본 정부가 취해온 입장과 유사하다. 일본군위안부 문제에 대해 일본 정부는 반세기 동안 이 사실을 은폐했고, 그 후 진상규명을 소홀히 했고, 지금은 법적 책임을 부인하고 있다. 피해국인 한국 정부는 자국민 피해자 보호를 위해 일본 정부에 법적 책임을 추궁한 적이 없다.

노근리 사건에서도 피해자들은 수 차례에 걸쳐 관계기관에 진정하였고, 한국의 몇몇 언론에서도 이 문제를 여러 번 보도해 왔지만, 유독 관련 당국은 '시효가 지났다' 느니, '증거가 없다'고 하면서 진상조사 노력조차 하지 않았다.

AP통신의 보도가 나갔을 때에야 미국 정부가 먼저 진상조사 방침을 발표하고, 나중에 한국 정부도 태도를 바꿨다.

미국의 은혜는 은혜고, 미군들이 우리의 무고한 양민을 집단학살한 데 대한 법적 책임추궁은 별개의 문제다. 왜 우리 정부는 그토록 오랫동안 자국민이 받은 인권유린에 대해 침묵하고 있었을까.

이것이 바로 〈뉴욕타임스〉 등 미국 언론에서 제기하는 의문이다.

일본군위안부 문제에 대해 전 세계의 지성인들과 국제기구들은 일본 정부의 법적 책임을 묻고 있지만, 정작 우리 정부는 입을 다물었다. 노근리 사건에 지금까지 보여준 한국 정부의 태도 역시 마찬가지였다.

노근리 문제를 이토록 소홀히 다뤄온 우리 정부도 국민 앞에 책임져야 한다고 믿는다. 일본의 야마구치 지방법원이 1997년 일본 정부가 일본군 위안부 피해자의 배상을 위한 근거를 마련하지 않은 것 자체에 대해 부작위에 의한 국가책임을 처음 인정한 것과 같은 맥락에서 말이다.

새 천년을 앞두고 우리 정부가 정의와 인권을 위해 정말 당당하고 용기 있는 정부로 거듭나기를 간곡하게 기원한다.

왜 '메건스 로'가
필요한가

미국에 '메건스 로(Megan's Law)'라는 것이 있다. 이것이 바로 미성년 상대 성범죄자의 신상·소재를 주민들에게 알려주는 법이다. 이 법은 뉴저지의 메건 캔타라는 7세된 여자 어린이가 94년 이웃에 이사 온 전과 2범의 성폭행범에 의해 강간당하고 살해된 것이 계기가 되어 만들어졌다.

메건의 부모는 경찰이 이웃에 성폭행범이 산다는 사실을 알려줬더라면 딸의 희생을 막을 수 있었을 것이라면서 성폭행범의 소재를 주민들에게 알려주는 법의 제정을 촉구했다. 이에 국민적 합의가 형성되면서 '성폭행범으로부터 어린이와 지역공동체 보호'라는 명분으로 연방과 주정부들이 앞다퉈 96년부터 법을 제정했다.

이 법의 적용대상은 미성년 대상 성범죄로서, 강간범 외에도 미성년자에게 돈을 주거나 유혹해 성관계를 맺는 사람도 성폭행범으로 다룬다. 말하자면 우리나라에 어린 중·고생들과 원조교제를 즐기는 성인들이 미국에선 성폭행범으로 취급된다.

성폭행범이 형을 마치고 출소하면 지방검사의 신청에 따라 법원이 성폭행범의 위험성의 정도(아주 위험·중간정도 위험·약간 위험)를 결정하고, 성폭행범 관련 신상정보가 공개된다. 이름·나이·육체적 특징·사진·관련 범죄·거주지 등 상세한 정보가 경찰에 등록되고, 주민들은 정보가 수록된 CD를 볼 수 있고, 전화로도 조회할 수 있다. '아주 위험' 판정을 받은 성폭행범의 경우 경찰이 방문해 성폭행범이 이웃에 사는 사실을 알려야 한다.

성폭행범 스스로도 이사가는 곳마다 경찰에 자신의 소재를 등록해야 한다. 이를 하지 않으면 체포된다. 성폭행범이 이웃에 산다는 통고를 받게 되면 지역사회는 비상이 걸린다. 부모, 학교, 유치원마다 아이들에게 이웃에 사는 성폭행범의 인상을 알려주고 절대 조심을 당부한다. 성폭행범은 가는 곳마다 자신의 신분이 곧 탄로나 직장에서 해고당하고, 친구와 이웃관계가 단절되며 임대아파트에서 쫓겨나는 일도 종종 있다.

성폭행범에게 이런 불이익이 수반돼 이중처벌의 결과를 초래한다거나 사생활 침해 등의 요소가 있다는 논의가 있었다. 그러나 미국 연방항소심 법원은 성폭행범의 신상공개 제도가 '합헌'이라고 했다. 성폭행범의 인권보다 지역공동체의 이익과, 무엇보다도 '미성년의 보호'가 더 중요하다는 것이다.

성폭행범은 그가 어디에 살건 자유이고, 주민들은 성폭행범이라는 사실을 알게 되었다고 해서 그를 괴롭히거나 위협하여서는 안된다는데서 인권이 보장되고 있다.

인권국가인 미국에서도 미성년 대상 성폭행범에 대해선 국민적 공감대가 형성돼 단호한 조치를 취하고 있는데, 우리는 어떤가. 7세 여자 어린이가 이웃 아저씨한테 강간당하고 살해된 사건이 올초 우리나라에서 있었다.

그 범인은 1심 무기징역, 항소심에서 15년으로 감형됐다. 우리는 형도 약할 뿐만 아니라, 성폭행범이 출소하여 이웃에 살아도 주민들이 아이들에게 주의를 줄 방법이 없다.

성인들이 어린 여학생들을 돈으로 매수해 성관계를 하는 일이 많은 데도, 우리 국회는 성범죄자의 인권침해를 더 생각하여 성범죄자의 신상공개를 규정한 〈청소년 성보호에 관한 법률안〉을 통과시키지 않는다. 우리 국회의원들이 언제부터 그렇게 범죄자의 인권보호에 투철했던가.

미성년자를 돈으로 사서 성관계를 즐기는 남자들이 득실대는 나라의 '남자 국회의원들'에게 아직도 이것이 파렴치한 성폭행범이란 인식이 없는 것일까. 아니면 신상공개를 할 경우 멀쩡한 남자들 태반이 얼굴을 들고 다닐 수 없게 될 것을 염려해서 일까.

범죄자의 인권 운운하는 국회의원들은 우리보다 인권을 더 중시하는 미국이 왜 '메건스 로'를 제정했는지 곰곰 생각해야 한다. 유엔에서도 아동(만18세 이하)에 대한 성착취를 금하는 국제협약 체결에 노력하고 있다.

아동매매 · 아동매춘 · 아동음란물 일체를 아동 성착취로 다룬다. 원조교제는 아동매춘이고, 아동에 대한 성착취며, 성폭행범으로 취급하는 것이 세계적 추세다. 미성년자의 성을 탐하는 성인들이 득실거리도록 방치하는 한 우리는 선진국가도 인권국가라고도 말할 수 없다.

'99년 12월 31일 《중앙일보》에 기고한 칼럼 「왜, 매건스 로가 필요한가」는 어린이를 포함한 청소년 상대 성범죄는 전 세계적으로 가장 비윤리적이고 추악한 범죄이기에 〈청소년 성보호에 관한 법률안〉 통과의 필요성을 강조했다. 이후 '성폭력 범죄의 처벌 등에 관한 특례법' 제정(2010년 4월)으로 성폭력 범죄자에 대한 신상공개가 의무화 되었다.

어린 딸들이
통곡하고 있다

주로 성인남자가 미성년 여자아이에게 돈을 주
고 하는 성관계를 일컫는 '원조교제'라는 용어는 그 행위의 본질을
흐리는 잘못된 용어다. 원조교제의 본질은 미성년 성착취·매춘·
성폭력에 해당한다. 이것은 전세계 문명국가의 법과 유엔 등 인권
기구에서 채택하고 있는 규범이며, 용어도 이같이 사용한다.

'원조교제'라는 용어를 사용하는 나라는 우리나라와 일본 밖에
없다. 이 용어는 성인이 아이를 도와주면서 교제한다는 뜻으로, 성
착취의 의미를 은폐하고, 도와준다는 합리화를 내포한다. 따라서
이런 용어를 사용해서는 안되며, 본질 그대로 '미성년 성착취범' 등

으로 표현해야 한다.

미성년과의 성관계를 금하는 것은 4,000년 전 고대 함무라비 법전에서부터 있어온 오랜 인류의 규범이다. 영국 법률은 13세기에 법률로 이를 '의제강간(Statutory rape)'이라는 범죄로서 처음 명문화했다. 미성년자와의 성행위를 미성년자의 동의에 상관없이 강간으로 간주하여 중벌을 내리는 현행법의 시초가 된 셈이다.

성행위를 금하는 미성년자의 나이는 중세 때는 10세에서 12세 정도로 낮았으나, 19세기에 16세부터 18세로 올렸다. 한때 미국에서는 이 법을 엄격하게 적용하여 성인 뿐만 아니라 미성년끼리 성행위한 남자아이도 처벌하였으나, 최근에는 미성년에 대해서는 적용하지 않고 성인에게만 이 법을 적용한다. 미국은 더 나아가 몇년 전 '메건 로(Megan's Law)'라는 법을 제정해 모든 주에서 성폭력범을 신상공개하고 있다. 이른바 우리의 '원조교제범'류도 포함된다.

대륙법계인 우리 형법에도 이런 '의제강간' 규정이 있다. 그런데 우리 형법은 만 13세 미만의 경우에 의제강간을 적용하도록 되어 있어 13~19세까지 미성년자와 성관계를 하는 원조교제범을 처벌하는 데 속수무책이었다.

그래서 금년 〈청소년 성보호에 관한 법률〉을 제정하였지만, 이 법은 만 19세 미만 미성년자와 '돈을 주고' 성관계를 하는 경우에만 처벌하고 있다. 따라서 현행법상 만 13세 이상 미성년자와 돈을 주지 않고 동의하에 성관계를 하는 것은 허용되는 셈이다. 이런 점에서 우리는 어린아이를 성욕의 대상으로 하는데 훨씬 '관대한' 제도를 갖고 있다.

미성년을 어른들의 성행위 대상으로 삼지 못하도록 규정하는 이유는 미성년자를 보호하기 위한 것이다. 성행위의 결과는 임신·낙태·성병 등의 문제뿐만이 아니다. 신체적·정신적으로 미성숙한 상태에 있는 미성년 아이가 성인과 성행위를 할 때 그들의 인격적 성장에 장애가 오게 되고, 신체적·정신적으로 큰 상처를 입게 되기 때문이다. 또한 사회가 이를 금하는 중요한 이유는 어린이를 대상으로 한 성인의 성행위를 허용할 경우 경제적·사회적으로 약한 위치에 있는 어린이가 성인의 성착취 대상이 되거나, 어린이 매춘·포르노와 같은 성범죄 조직의 희생양이 되기 때문이다.

미성년자에게 계약 등 법률행위와 투표권 등을 제한하는 이유가 판단력이 미숙한 미성년자를 보호하는 차원의 제도인 것과 마찬가지로 미성년자가 성행위에 동의했다고 하더라도 '성적 자기결정권'을 인정할 수 없다. 국가가 개입하여 성인을 처벌하는 이유는 바로 이 때문이다.

요즘 원조교제하는 미성년자가 성인을 협박·공갈·살인하고, 미성년 포주까지 등장했다는 뉴스가 전해지면서 '미성년이라는 이유로 과연 보호만 외칠 수 있는가'라고 의문을 제기하는 사람이 많다.

우리 형법상 만 14세 미만의 경우에는 형사처벌이 면제되고, 그 대신 만 12세 이상부터는 소년법상 보호처분으로 다스릴 수 있다. 만 14세 이상부터는 미성년자라고 해도 범법행위에 대해서는 형사처벌이 가능하다.

　　그런데 미성년의 형사처벌을 주장하는 논리는 이 문제의 본질을 제대로 보지 못한 것이다. 미성년 아이들이 이 지경이 된 것은 그들을 한갓 성노리개로 전락시킨 어른들, 이를 이용해 돈 버는데 급급한 상인들, 존경받지 못할 짓을 하는 부모들, 그리고 이를 묵인한 우리 모두의 책임이 훨씬 더 크기 때문이다.

　　어른들은 청소년들이 올바른 인격을 가진 사회인으로 성장할 수 있도록 보호하고 좋은 환경을 만들어줄 책임을 지고 있다. 때문에 성적 욕망 충족을 위해 미성년자의 성을 착취하는 성인들은 더욱 엄벌에 처해야 한다.

군산 성매매 여성 화재참사 사건을 계기로 '성매매특별방지법(성매매 알선 등 행위의 처벌에 관한 법률과 성매매 방지 및 피해자 보호 등에 관한 법률)'이 마침내 2004년 3월 제정되었다. 이후 성매매집장촌의 폐지가 이어졌으나 성매매산업으로 이득을 보는 업주들은 성매매업소가 오히려 더 확산되었다며 이른바 '풍선효과'를 주장하고, 급기야 성매매특별법이 위헌심판대에 올라 있다. 이 법의 진정한 취지가 몰각될 것에 우려를 금할 수 없다.

윤락여성의 '채무'는
무효다

　　윤락업소 여성들의 인권침해가 심각한 상태라
는 것은 군산의 업소에서 연이어 일어난 사건을 통해 많이 알려졌
다. 인신매매, 감금, 화대착취, 윤락강요 등의 생활이 대표적인 유
형이다. 그런데 여성들이 극심한 인권유린을 당하면서도 도망갈
수 없다고 절망하는 가장 큰 원인은 포주들이 여성들에게 지운 '빚'
때문이며 이러한 빚은 무효인데도 공권력이 이를 묵인 또는 보호한
다는 데 있다.

　　군산 사건에서 포주는 여종업원들이 작성한 '현금차용증'을 확
보하고 있었고 그것은 "변제하지 못할 경우 민형사상 어떠한 처벌

도 감수하겠다."는 내용으로 되어 있었다. 여성들의 일기장 곳곳에도 "언제쯤 빚을 갚고 헤어날 수 있을까?"라는 표현이 가득했다. 실제 윤락여성들에게 빚의 존재는 포주로부터 벗어나지 못하는 노예문서와 같은 위력을 발휘한다.

여성들이 포주에게 진 빚의 내역도 부당하기 이를 데 없지만, 1961년 최초 제정된 윤락행위방지법에서부터 현재의 법에 이르기까지 이런 빚을 전부 무효로 하고 있는 조항이 있다. 그럼에도 이 사실이 홍보되지 않고 오히려 윤락업계는 물론이고 경찰까지도 이를 무시했다는 것은 더욱 개탄할 일이다.

그 빚의 내역은 소개소에 업주가 지불한 소개비, 업소 주인끼리 여성들의 몸값을 정해 팔아 넘기면서 지불한 인신매매 대가를 여성에게 전가한 것, 윤락을 강요하면서 방값, 숙식비 명목으로 부과한 것, 몸이 아파 쉴 경우 벌금으로 올린 것, 여성에게 가불금 형식으로 고리 사채를 쓰게 하고 빚을 증가시켜 윤락을 계속 강요하는 수단으로 형성시킨 것들이다.

이러한 빚은 민법 제103조에 의해 반사회적 질서의 법률행위로서 무효일 뿐만 아니라, 윤락행위 등 방지법에서도 무효로 규정하고 있다. 즉 현행 윤락행위 등 방지법 제4조, 제20조에 윤락 알선, 강요, 윤락장소 제공, 윤락 이익을 취득하는 자와 이에 협조하는 자의 윤락여성에 대한 채권은 "그 계약의 형식에 관계없이 이를 무

효로 한다."고 규정하고 있다. 앞에서 열거한 빚의 내역은 바로 전
부 이에 해당하는 것으로 무효인 것이다.

무효라는 의미는 업주가 여성들에게 그 빚을 받을 권리가 없다
는 것이고, 여성들도 갚을 의무가 없다는 것이다. 따라서 업주가
차용증을 강요하면 형법상 '강요죄'가 되며, 여성들은 차용증을 작
성했더라도 갚을 의무가 없다. 업주들은 이러한 채권을 받기 위해
민사소송이나 형사고소와 같은 사법절차를 이용하는 것도 허용되
지 않는다.

포주 등의 윤락여성에 대한 채권을 무효로 한 윤락행위 등 방지
법의 제정 취지에 관하여 "반사회질서의 법률행위는 이를 무효로
하는 민법의 취지에 의하여 포주 등이 윤락 여자에게 가지는 채권
은 일체 무효로 하도록 함"이었다고 법제처의 입법 연혁에서도 설
명하고 있다. 윤락여성에 대한 포주들의 채권을 무효로 하는 법규
정은, 여성들의 인권착취를 막고 포주들의 불법원인 이득을 차단하
기 위한 중요한 장치로 규정된 것이다. 그런데도 40년간 내려온 이
중요한 규정을 법집행의 일선에 있는 경찰들조차 제대로 알지 못하
거나, 알면서도 무시하는 경향이 강했다. 더욱 놀랄 일은 경찰이
포주를 위해 그 빚을 받아주는데 협조적인 경우가 많았고, 국가공
권력은 윤락업주들에게 여성들이 그 무효의 차용증 빚을 갚는 데
악용되고 있었다는 사실이다.

여성들이 도망갈 경우 포주는 차용증을 근거로 사기죄로 여성들을 고소하고, 경찰은 그 포주가 윤락업주라는 것을 알면서도 도망간 여성들을 전국 지명수배자로 만든다. 포주들은 그 여성들의 주민등록증을 보관하고 있고, 지명수배가 내려진 여성들은 대부분 잡혀와서 다시 포주에게 넘겨진다. 경찰은 여성들에게 포주에 대해 '빚을 갚을 것' '차용증을 쓸 것' 등을 요구하거나 심지어 경찰이 지명수배를 내린 그 여성의 부모를 찾아가 포주에게 진 빚을 갚도록 요구하는 경우도 있었다.

국가공권력이 40년간 내려온 법을 이렇게 무시하고, 포주편에서 무효의 채권을 받아주는데 우호적으로 행사되고 있다는 것은 여간 잘못된 게 아니다. 이 문제는 단순한 윤락여성만의 문제가 아니며 국가공권력의 적법한 집행과 국민에게 영향을 미치는 중대한 인권문제로 국회 차원에서 심도 있게 논의되어야 한다. 물론 검찰과 경찰도 근본대책을 마련하지 않으면 안 된다.

필자는 군산 성매매 여성 화재참사 사건을 맡아 무료 공익소송을 국가배상으로 진행하면서, '윤락행위방지법의 폐지 및 성매매특별법'(성매매 알선등 행위의 처벌에 관한 법률 등) 제정을 이끌어 내었다. 이 국민일보 칼럼을 보고 **당시 조순형 법사위원장이** 필자에게 전화를 걸어와 성매매 피해여성들의 참혹한 인권실상을 알게 되었다며 법사위 증언을 요청하여, 필자는 대한변호사협회의 대표로 국회 법사위에 나가 성매매 피해여성들의 실태를 증언함으로써 특별법 통과에 큰 역할을 하였다.

방송 진행자 성차별
시정돼야

우리는 해마다 유엔개발계획에서 발표하는 세계 각국의 남녀권한척도에서 거의 꼴찌수준을 면치 못하고 있는데, 금년에도 64개국 중 61위로 최하위 수준이다. 우리 여성의 교육과 지적수준은 세계적으로 높은데, 여성의 권한척도에서는 세계 최하위 수준을 기록하는 이유는 무엇일까? 필자는 우리나라 여성이 우수한 능력을 마음껏 펼칠 기회가 남성중심적인 문화와 제도·관습에 의해 억압받고 있는 것이 그 이유중의 하나라고 생각한다.

우리들이 흔히 무심코 대수롭지 않게 받아들이는 관습 중에서도 심각한 성차별이 많이 있다. 필자는 사람들의 사고방식에 큰 영

향을 미치는 방송에서의 여성차별 현상을 지적하고자 한다. 그 중에도 볼 때마다 시정되어야 한다고 느끼는 것이 있는데, 지상파 방송의 대표급 뉴스시간대라고 하는 8시, 9시 뉴스에서의 여성 진행자에 대한 차별실상이다.

항상 남성 진행자가 먼저 오프닝 멘트(시작말)를 하고, 그 다음에 여성 진행자가 나오고, 그 날의 주요 뉴스도 항상 남성 진행자가 먼저 진행하고, 다음에 여성 진행자가 등장한다. 클로징 멘트(마무리)를 할 때도 이 순서 그대로이다. 진행의 순위, 비중에서 남성 진행자가 리드 역할을 하고, 여성은 보조 역할을 하는 것 임을 명백히 알 수 있다.

또 하나 지적할 게 있다. 자리도 늘 남성 진행자는 우측이고, 여성 진행자는 좌측이라는 사실이다. 이것이 왜 문제인지 잘 모르는 사람이 많다. 유교문화권에서 '좌천'은 강등된 자리, '좌도'는 정도가 아닌 것을 의미하는 것처럼, 왼쪽 자리를 낮은 자리로 평가하기 때문에, 여자를 항상 왼쪽에 배치하는 것은 남자보다 열등한 위치로 두기 위한 의도가 깔려있다는 것이다. 이는 세계에서 찾아볼 수 없는 현상이다. 남녀공동진행에 있어 자연스럽게 자리가 좌우로 배치되는 것이 아니라, 우리나라에서는 한결같이 여성을 의도적으로 좌측에 앉히는 것이 문제인 것이다. 방송국이 여성 진행자를 위와 같이 순서에 있어 항상 후순위, 방송비중에 있어서 항상 약한 것, 자리를 의도적으로 항상 좌측에 두는 것은 여성 진행자의 능력이 공동진행하는 남성보다 현저하게 떨어지기 때문이 아니다. 이는 단지 여성이라는 이유만으로 가하는 성차별이라고 생각한다. 뉴스프로그램 진행에 있어서 단지 여성 진행자 만을 이와같이 자리매김하고, 역할과 비중에 있어서 남성 보조를 맡기는 것에 대한 합리적 이유가 전혀 없다.

전세계 선진국의 방송에서 뉴스를 진행하는 여성 진행자에 대해 이 정도로 철저하게 여성을 남성의 보조위치로 강등시키고, 여성역할을 제약하며, 여성을 얌전하게 보이도록 틀을 짜서 가두는 왜곡

현상을 찾아보기 어렵다. 우리가 위성을 통해 자주 접하는 CNN, BBC 같은 방송을 보면, 여성 단독진행자가 압도적으로 많고, 공동진행하는 경우에도 우리와 같은 이런 방식은 찾아볼 수가 없다. 여성이라고 해서 반드시 왼쪽에 앉아야 한다는 불문율이라는 것은 통하지 않는다. 진행여성의 태도도 너무나 당당하며 활달하다.

우리의 방송국이 여성 진행자를 이렇게 대접하는 것은 명백한 성차별인데도, 이를 별로 의식하지 않고 남성중심의 구도를 '당연하게' 받아들이는 우리 사회의 고정관념도 심각한 문제라고 생각한다.

우리 헌법에 "누구든지 성별에 의하여 정치적, 경제적 , 사회적, 문화적 생활의 모든 영역에 있어서 차별을 받지 아니한다."고 규정(제11조)하고 있고, 남녀고용평등법에서는 "근로자에게 성별 등의 사유로 합리적인 이유없이 불이익한 조치를 취하는 것"을 차별로 규정(제2조)하고 있다. 남녀차별금지 및 구제에 관한 법률에서도 '합리적 이유없이 성별을 이유로 구별 및 제한'하는 경우 남녀차별로 보고 있고(제2조 제1호), '사용자는 고용분야에서 남녀의 평등한 기회와 대우가 보장되도록 하여야 하는데'(제3조), 이를 분명하게 위반하고 있는 것이다.

방송국은 당장 이러한 남녀차별 행위를 중지하길 바란다. 우리 여성 진행자들도 이 문제에 대해 여성부에 피해신청을 하거나 성차별 소송을 불사한다는 단호한 차별개선 의지를 나타내었으면 좋겠다. 여성 진행자들이 이런 대접을 받는 것은 그 여성들 개인문제만이 아니다. 이는 우리나라 여성들 전체를 인격모독하고 비하함으로써 국민의 절반이나 여성인력의 효율적 활용, 궁극적으로는 국가발전을 저해하는 결과를 초래할 수 있기 때문이다.

방송진행자의 여성차별은 그 후 많이 시정되었다고 하지만, 우리나라는 여전히 방송진행자 여성의 경우 나이나 외모에 대한 성적편견과 차별이 심한 편이다.

여성 억압하는
가부장적 행태

———

　　월드컵축구대회 기간 중 '붉은 악마'가 된 우리의 딸들은 신나게 놀고 웃었고, 젊음과 열정을 분출했다. 그들이 직장이나 가정으로 돌아갔을 때, 결혼을 하게 되었을 때, 월드컵 응원 때처럼 남자들과 똑같은 기회의 마당이 펼쳐지고 그들의 인격과 인생이 존중된다면 얼마나 좋을까.

　　우리나라 여성들이 결혼하면서 겪는 불행과 이혼에 이르게 되는 원인에 남편과 시댁 식구들이 가하는 가부장적 억압이 크게 작용하고 있다. 이것이 여성에 대한 얼마나 큰 횡포이며 부당한 것인지 다음의 사례를 통해 고발하고자 한다.

여성 〈가〉는 공대를 졸업하고 같은 직장 같은 직급의 남성과 연애 결혼을 했다. 남편은 집에 오면 "집안 일은 여자 몫"이라면서 가사노동을 도와주지 않았다. 〈가〉는 직장생활로 바쁘고 지쳤어도 시댁의 요구로 주말마다 시댁에 가서 온종일 집안 일을 다 하고 녹초가 되어 귀가하는 생활을 했다. 3년만에 이혼소송을 낸 〈가〉는 남편과 시부모가 자신에게 가한 이런 행동을 "인간에 대한 학대"라고 말했다.

독실한 가톨릭 신자인 여성 〈나〉는 대학원을 졸업하고 같은 학위를 가진 남편과 결혼해 미국 유학을 준비하고 있었다. 〈나〉는 임신을 했고, 태아가 건강하다는 산부인과 의사의 진단에도 불구하고 시어머니는 아들 공부에 방해된다는 이유로 임신 7개월된 아이를 지울 것을 며느리에게 요구했다. 시어머니는 "내 말을 듣지 않으려면 이혼하라"고 했고, 남편도 "엄마 말을 안 들으면 이혼해야 돼"라면서 똑같이 낙태를 요구했다. 시어머니는 불법낙태 시술을 전문으로 하는 산부인과 병원에 며느리를 데리고 가서 낙태를 시켰다. 결국 이 여성은 이혼소송을 내고 "시어머니를 용서할 수 없으니 위자료를 받게 해달라"고 요구했다. 법원은 이런 시어머니로 하여금 위자료 3,000만 원을 며느리에게 지급하도록 판결했다.

여성 〈다〉는 기업가인 남편의 사업이 성공하기까지 20년간 무척 고생하며 극진한 내조를 했다. 남편은 살만해지자 외박이 잦고,

부부관계를 하지 않는 등 어딘지 모르게 행동이 이상했다. 〈다〉는 남편을 미행한 끝에 집에서 10분 거리에 있는 아파트에 첩을 둬 애까지 낳고 감쪽같이 이중살림을 하고 있는 것을 확인했다. 〈다〉는 하늘이 무너지는 절망을 느껴 이혼을 했다.

여성 〈라〉는 딸 셋을 낳았다. "네 남편은 3대 독자 외동아들"이라면서, 시어머니는 "네가 들어와 우리 집의 대를 끊었다"고 원망했다. 시어머니는 며느리 앞에서 아들에게 "다른 여자한테서 아들 낳아오라"고 노골적으로 말했다. 〈라〉는 죄인처럼 생각하고 아무 말도 하지 못했다. 어느 날 남편은 다른 여자한테서 아들을 낳아 안고 왔다. 이혼녀와의 사이에 아들을 낳았다고 했다. 처음에는 돈만 주고 헤어지려고 했는데 이제는 그 여자가 부인과 이혼하고 자신과 함께 살자고 한다며 헤어지자고 요구했다. 〈라〉는 결국 이혼을 해주고 그 집을 떠났다.

여성 〈마〉는 대기업의 전문분야 종사자였다. 전문직 남편과의 결혼식을 앞두고 시누이 될 사람들이 갑자기 직장으로 전화해 호출을 했다. 예비 시어머니와 시누이들이 모여서 〈마〉가 해온 패물에 대해 시비를 걸면서 당장 바꿔오라는 것이었다. 우여곡절 끝에 결혼해 자식 3명을 낳고 사는 동안에도 시어머니와 시누이들의 간섭은 끝이 없었다. 남편한테서 길거리에서 구타를 당한 〈마〉는 친정에서 요양을 하고 집으로 복귀했다. 그런데 시어머니와 시집간 시누이들까지 몰려와서 〈마〉의 핸드백을 뒤져 집과 자동차 열쇠, 주민등록증 등을 빼앗고, 집에서 밀어냈다. 그들의 말은 "우리 오빠 처녀장가 보낼 거다."였다. 〈마〉는 결국 이혼소송을 냈고, 시어머니와 시누이들을 상대로 한 소송까지 제기했다.

필자는 수많은 이혼상담과 실제 사건을 통해 우리 사회의 이러한 가부장적 행태는 의외로 아직도 뿌리깊으며, 여성을 억압하고 학대함은 물론 인권을 유린하는 심각한 문제라는 것을 깨달았다. 이러한 행태를 몰아내고, 평등한 부부관계 확립과 여성이 인간으로서 존엄하게 대접받고 여성의 삶이 소중하게 존중받는 사회를 만들기 위해 대대적인 의식개혁 운동이 필요하다고 본다.

경찰 직무유기 드러난
'감금매춘' 국가배상 판결

2000년 9월 19일 군산 성매매집결지 화재로 인한 성매매 피해여성 5명의 사망 사건은 우리 사회의 무관심과 경찰의 인권의식 부재로 빚어진 성매매 피해여성의 인권유린 실상을 적나라하게 드러낸 사건이다. 여성들은 인신매매로 끌려왔고, 밀폐된 이중쇠창살 창문과 밖에서 자물쇠로 채워진 출입구를 가진 1.5평 쪽방에서 감금상태로 온종일 성매매를 강요당하며 화대 전부를 포주에게 착취당하는 노예생활을 하고 있었다.

파출소를 100m 앞둔 곳에서 감금·성매매 강요·착취 범죄가 몇 년째 일어나고 있는데도, 공무원들은 이곳을 단속하지 않았다.

여성들이 감금돼 성노예 생활하는 것을 알면서 묵인·방치한 공무원의 직무유기에 대하여 포주들과 공동 불법행위 책임을 추궁한 이유는 바로 경찰의 잘못된 관행을 깨고, 유사한 수많은 피해여성들을 도와 우리나라가 인권 선진국이 되도록 하기 위해서였다.

이 사건 재판을 통해 관련 공무원들의 직무유기 실상이 드러났다. 군산경찰서는 사창가 업소를 상세히 파악하고 있었고, 군산시 공무원과 군산경찰서에서는 수십 차례 단속계획을 세워서 기습 단속하겠다고 문서만 작성하고는 실제는 한 번도 단속하지 않았다. 또한 바로 이 지역 단속책임자인 파출소장 등은 사창가 업소대표한테 명절 때 수백만원 씩 뇌물을 받은 사실도 밝혀졌다.

수많은 여성들이 인신매매범에 의해 성매매 업소에 넘겨지며 대부분이 감금, 성매매 강요와 화대 착취를 당하는 성노예 생활을 하고 있다고 한다. 그런데 이들이 악덕포주들에 의해 감금되고 있는 근본 이유는 경찰의 잘못된 관행과 성매매 피해여성 처벌 위주인 윤락행위 등 방지법, 시민들의 무관심이었다. 성매매피해 여성들의 경찰에 대한 불신은 깊었는데, 경찰이 포주들과 친하고 여성들이 도망갈 경우, 포주가 이들한테 받은 차용증에 근거해 고소하는 것임을 알면서도 성매매 피해여성들을 사기죄로 전국에 지명수배를 내리는 것이 가장 큰 불신 사유라고 한다.

법원은 국가와 포주들의 공동 불법행위를 인정하고, 국가배상

책임을 인정했다. 법원은 "경찰공무원들은 감금 및 성매매 강요 행위를 제지하고 업주들을 체포하는 등 관련 법령의 규정에 다른 조처를 취해야 할 의무가 있는데도 오히려 업주들로부터 뇌물을 받고 이런 행위를 적극적으로 방치한 것은 직무상의 의무를 위반한 것으로서 위법하며 정신적 고통에 대한 위자료 지급 의무가 있다"고 판시했다.

이는 매춘여성들의 인권보호를 외면한 경찰에 국가배상책임이 선고된 최초의 역사적인 판결이다. 이 판결은 지금까지 매춘여성의 인권보호를 외면해온 경찰의 안일한 법집행에 대한 엄중한 문책이며 앞으로 국가의 적극 개입을 촉구하는 동시에, 인권 사각지대에 놓여 있는 매춘여성의 인권 보호 초석을 마련했다는 큰 의미를 지니고 있다.

성매매 방치 국가 위자료 배상(사망자 유족 승소) 대법원판결에 대한 기자회견

외국여성 인권(人權)
눈감은 나라

미군 기지촌 클럽에 감금되어 윤락을 강요당하던 필리핀 여성들의 사건을 계기로, 한국이 국제 인신매매된 외국 여성에 대한 인권유린이 심각한 나라라고 알려지고 있다. 21세기 노예제인 인신매매가 섹스산업에 공급할 성노예로서 가난한 나라 여성을 희생양으로 삼고 있으며, 한국이 가해국가라는 것은 부끄러운 일이다. 일제시대 우리의 귀한 딸들이 일본 군인의 성노예로 전락한 고통이 아직 남아 있는데, 이제 한국이 이런 행위를 하고 있으니, 참으로 개탄스럽다.

국내에 성노예로 된 외국 여성들의 숫자에 대한 정확한 공식통계가 없다. 경찰청은 1990년 중반 이후 약 5,000명이 될 것이라 하나, 인권단체는 최소 2만 명은 된다고 한다. 이 중 필리핀, 구(舊)소련 출신들이 90% 이상을 차지하고 있으며, 그동안 기지촌에 집중되었으나 지금은 전국으로 확산되고 있다고 한다. 대부분이 레스토랑 등에 일반취업을 하는 것으로 알고, 알선업체에 속아서 E-6비자(예술흥행비자)로 들어오는데, 도착 즉시 유흥업소 주인에게 여권을 빼앗기고 감금되어 윤락을 강요받는 성노예로 전락한다. 이들은 업주에게 넘겨진 후 감금되어 폭행과 강간을 당하고 윤락 강요를 받으며 월급도 착취당하고, 실적이 저조하면 팔아넘겨 지기도 한다.

외국 여성들의 인권피해가 이런 상황인데도, 이에 대응하는 한국 정부의 대책은 매우 한심하다. 우선 국제인신매매조직이 한국으로 외국 여성을 팔아넘기는 수단으로 악용되고 있는 것이 E-6비자이며, 한국 정부가 허가해준 국외 근로자파견사업체가 인신매매조직에 가담하고 있고, 기지촌클럽 189개 업체로 구성된 '특수관광협회'가 E-6비자로 외국 여성을 데려오는 주된 계약자인 사실을 알면서도 개선하려는 노력이 보이지 않는다.

E-6비자는 근로자 소속국 대사관에서 발급받아야 함에도 국제인신매매조직은 국경을 넘어 여성을 이동시켜 방콕이나 홍콩의 한국대사관에서 비자를 발급받고 있으며, E-6비자를 발급함에 있어

대사관은 여성들을 인터뷰도 없이 알선업체가 제출한 서류만으로 발급해 주는 실정이다. E-6비자를 발급하기 위해서 필요로 하는 '영상물등급위원회'의 공연추천서도 요식행위로 전락했다. 외국 여성들이 한국 도착 즉시 성매매업소에 넘겨지는데도 '영상물등급위원회'는 지금까지 공연추천서 발급을 거부한 적이 없다고 한다. '특수관광협회'가 계약자로 서명한 서류만 있으면 그 다음 절차는 자동으로 통과되는 셈이다.

정부의 인신 및 성매매 피해 외국여성들에 대한 근본 인식 또한 잘못되어 있다. 한국 정부는 이들을 피해자로 보아 보호조치를 하지 않고, 윤락행위 등 방지법에 의해 처벌대상이 되는 '윤락녀'로 보고 있으며, 출입국관리법에 따라 즉각 추방조치만 하고, 여성을 불법윤락과 불법체류로 처벌하지 않는 것만으로 외국 여성의 인권을 보호한다는 이상한 주장을 하고 있다. 정부의 이런 태도 때문에 피해 외국여성들은 한국경찰에 넘겨지면 즉시 추방되는 것이 두려워 피해신고도 못 한다고 하고, 업주는 이를 악용하여 마음껏 외국 여성을 착취하고 있다고 한다. 피해여성들은 즉시 추방되기 때문에 월급을 착취하고 인권을 유린한 업주를 상대로 한 소송도 사실상 봉쇄된다.

미국 정부는 2000년 10월 〈인신매매피해자보호법〉(The Victim of Trafficking and Violence Protection Act of 2000)을 제정하여 피해자에게 체류자격

부여, 영주권 신청허가, 구직알선 등 강력한 보호조치를 마련하고 있다. 애슈크로프트 미국 법무부장관은 "피해자의 인간성을 무시하고 법치를 멸시하는 현대의 노예제도로 돈을 벌려는 사람을 보고만 있지 않을 것"이라고 천명하였다. 그런데 우리는 정부의 미온적 대책으로 사회에 해악을 끼치고 인간을 착취하며 사는 범죄조직과 성매매업소 등이 번창하고 있다. 많은 한국 남성들도 성매매된 여성들의 인권유린 실상에 침묵하고 있다. 국회에 계류 중인 〈성매매피해방지법안〉에는 외국여성 등 성매매 피해 여성을 위한 강력한 보호장치가 되어 있는바, 국회는 하루빨리 이를 통과시켜야 한다. 인신 및 성매매는 인간 존엄성을 말살하는 극악한 범죄이므로 철저한 국내대책, 국제적 공조체제 구축 및 국민들의 도덕성 회복 운동 등을 통해 국제적 인신매매국의 오명에서 벗어나야 할 것이다.

2002년 11월 8일 조선일보에 기고한 「외국여성 인권 눈감은 나라」 라는 칼럼에서 성매매피해방지법안의 조속한 통과를 촉구한 이후 2004년 3월 성매매방지 특별법들이 통과 되었다.

첩과 둘째 부인

일부일처제인 우리 사회에도 첩을 둔 남자가 의외로 많다. 30, 40대도 있다. 첩을 공식화(?)하는 과정은 대개 이렇다. 바람을 피우다 아예 딴살림을 차리고 자식이 태어나면 첩의 호적에 입적한다. 아이가 학교에 들어갈 무렵 첩은 아이를 아버지 호적에 올려달라고 한다. 우리 호적제도 하에서 남편은 부인 동의가 없이도 첩 자식의 출생신고를 할 수 있다. 남편은 첩의 호적에서 자신의 호적으로 슬쩍 출생신고를 한다. 등잔 밑이 어둡다고, 남편의 이중생활과 사생아의 입적을 부인이 제일 나중에 알게 된다. 시댁 식구들은 대체로 본부인을 홀대한다. 첩의 혼인신고 요구가 시작되면 첩을 둔 남자들은 본부인에게 이혼을 요구하면서 학대한다. 조선시대 얘기가 아니다. 21세기 대한민국의 현실이다.

60대 할머니가 찾아왔다. 남편이 20년 전부터 첩과 딴살림을 하고 있다는 것이다. 첩의 자식을 호적에 본처 자식인 양 동의도 없이 올려놓았고, 그 사실이 알려지자 아예 첩한테 가버렸다. 치매에 걸린 시조부모를 수발하게 하면서 생활비만 조금씩 보내주고는 와 보지도 않았다. 최근 남편은 이혼을 요구하면서 집을 팔겠다고 협박하고 있다. 첩한테는 집을 사주었지만 본처 앞으로는 명의 이전해 준 재산이 없다.

어린 자식 두 명을 둔 30대 젊은 여성도 남편이 딴살림을 차렸고 자식까지 낳아 호적에 몰래 올려놓은 것을 알았다. 시부모를 찾아가 이 사실을 말하자 시어머니 왈, "남자는 열 여자 마다하지 않는 거야."

우리 사회는 남성중심 가부장제의 뿌리가 깊다. 가부장제 사고방식이 여성들에게도 내면화되어 여성이 여성에 대한 가해자로 등장한다. 이런 사건의 소송에서 남자측 변호사는 첩을 '둘째 부인'이라고 한다. 필자는 이의를 제기한다. 일부일처제 국가에서 둘째 부인은 없고, '첩' 또는 '상간녀(相姦女)'일 뿐이라고.

남편의 축첩을 알고도 참고 사는 여성의 공통된 이유는 경제권이 없고 이혼소송을 해도 법원이 인정하는 위자료가 적으며 자녀양육비도 너무 적기 때문이다. 이런 피해를 당한 부인들은 소송을 하고 싶어도 법원의 판결 수준에 실망해 참거나, 실망스러운 결과를 감수하면서 소송을 해야 한다. 우리 법원은 위헌 행위인 축첩을 한 남자들에게 관대하다. 법원이 선고하는 위자료 액수도 5,000만 원 수준을 넘는 경우가 드물어 부인의 억울함은 가중된다. 헌법상 가정제도의 유지를 위해 가부장제 사고방식을 몰아내는 것이 사회 이슈가 되어야 한다. 축첩 행위는 가정파괴 범죄이며 인권을 짓밟는 범죄다.

2015년 2월 헌법재판소는 간통죄에 대해 위헌결정을 내림으로써 우리나라는 간통죄에 대해 형사처벌이 되지 않는 나라가 되었다. 최근 대법원은 유책배우자의 이혼청구를 받아들이지 않던 종전 판례를 변경하기 위해 전원합의체에 사건을 회부하였다. 가정의 보호나 억울한 배우자를 보호해주던 마지막 보호장치를 없애버리기에 급급한 것은 너무 무책임하다.

시누이에
순종 안한 죄(罪)

———

이혼법정에 선 여성들은 법원의 가부장적인 의식에 상처받고 판결 결과에 실망하는 일이 많다. 이혼소송이 제기되면 남편은 보복수단으로 생활비를 끊어 버린다. 경제적으로 남편에게 의존해 오던 여성은 아이들과 함께 생계의 고통에 직면하고, 가정폭력을 피해 친척집을 전전하는 경우도 있다. 법원은 이런 처지의 여성과 아이를 위해서 어떤 보호책을 주고 있을까.

가사소송법에서 관계인의 감호와 양육을 위한 임시조치의 일종인 '사전처분제도'가 마련되어 있다. 그러나 제도는 있어도 정작 법원은 이를 활용하는데 인색하다. 법원이 소송 중에 아내에게 생활비를 주도록 남편에게 명령하는 경우는 일부에 해당하며 액수 또한 평소 금액의 절반 수준으로 줄여 버린다. 배우자의 생활비를 인정하는 경우는 아프거나 나이가 많아 자력이 없는 '예외적인 경우'이고 대부분의 주부는 '나가서 벌 수 있는 능력'이 있다고 보고 생활비를 인정해 주지 않는다.

그러나 주부로 지낸 여성이 이혼소송과 동시에 쉽게 직업을 구해 돈을 벌 수 있다고 보는 것은 잘못이다. 또한 남편의 귀책사유를 이유로 이혼소송을 제기한 아내에게 생활비 중단이라는 남편의 보복을 법원이 왜 정당화해 주는가. 생활비를 인정하는 경우에도 남편이 평소 지급하던 금액을 법원이 무조건 감축하는 것 또한 납득하기 어렵다.

그럼에도 법원의 이런 입장은 계속되고 있다. 60대인 김모씨가 남편의 부정행위를 이유로 이혼소송을 제기하자 남편은 생활비를 중단해 버렸다. 남편은 고소득자이며 모든 재산을 자신 앞으로 해 놓고 아내에게는 매달 적은 생활비를 지급해 왔다. 김씨가 생활비를 달라는 사전처분을 신청하자 재판장은 김씨에게 "살고 있는 아파트의 방이 몇 개냐"고 물었다. 김씨가 "3개"라고 말하자 재판장은 "방 한 칸을 월세 놓아 생활비로 쓰면 되지 않느냐"고 말했다. 김씨는 법원의 이런 시각을 접하고 큰 충격을 받았다. 이런 일들은 너무 많아서 열거하기 어려울 정도다. 이혼사유를 판단하고, 위자료를 결정하고, 재산분할 비율을 산정하는 잣대에도 어김없이 가부장적 시각이 크게 작용한다. 이혼판결문에 "시누이에게 순종하지 아니하고 집안 대소사에 적극적이지 않았다"는 내용을 위자료 감축 사유로 삼은 경우도 있다. 21세기 대한민국에서 시누이에게까지 순종을 요구하는 판결문이 나오고 있다는 것은 놀라운 일이다. 같은 언어폭행이라도 여성이 한 경우와 남성이 한 경우에 대한 법원의 시각이 다르다. 아내가 남편에게 욕설을 한 경우에 법원은 "부부 사이에 도저히 있을 수 없는 언어를 사용했다"고 하면서 아내가 남편에게 위자료를 주라고 판시했다. 반면 남편이 아내에게 언어폭행을 상습적으로 자행한 경우 언어폭행만을 이혼사유로 삼는 경우는 드물다. 법원은 또한 아내에게 참을 것을 요구하고 남편의 상습적인 외도와 폭력을 이유로 이혼소송을 제기한 아내에게 '참지 아니한 잘못'이 있다는 표현을 사용하면서 위자료 참작 사유로 삼는다.

모든 재산이 남편 명의로 되어 있는 상태에서 여성이 이혼청구를 기각당한 경우는 비참하다. 아내는 이혼소송을 통하지 않으면 재산분할을 받을 길이 없다. 그런데도 남편의 유책사유를 이유로 이혼 및 재산분할청구소송을 제기한 아내에게 "재산분할을 노리는 듯한 태도를 보였다"면서 여성에게 적대적인 표현을 사용한 판결문도 나오고 있다. 재산분할비율에서도 법원은 아내의 가사노동이나 사업체를 내조한 아내의 기여도를 낮게 평가하고 있다.

　법원의 이러한 가부장적인 의식은 이혼법정에서 여성에게 아주 불리하게 작용하며 여성을 차별하고 억울함을 주는 결과를 종종 초래한다. 이혼법정에서 일어나고 있는 이런 문제들을 소송 당사자인 여성의 개인 문제로 폄훼할 수 없다. 우리 인구의 절반을 차지하는 사회 전체의 문제이며 우리의 인권수준을 반영하는 문제다. 법원의 가부장적 의식은 시급히 바뀌어야 한다.

이 칼럼과 2004년 2월 17일 동아일보 「이혼법정, 억울한 여성 아직 많다」는 칼럼이 나간 후 가정법원에서 이혼 소송 중 생활비 지급과 양육비 지급을 명하는 사전처분이 적극 받아들여지고 신청없이도 법원 직권으로도 이루어지고 있다.

이혼법정
억울한 여성, 아직 많다

부처님은 충고를 할 때에는 다섯 가지를 유념하라고 하셨다. 때를 가려서 하고, 진심으로 말하며, 부드럽게 하여야 하며, 의미 있는 일에 대해서만 하고, 인자한 마음으로 하라고 하셨다. 필자는 지난번 '시누이에게 순종 안한 죄'라는 제목의 칼럼을 게재할 때 이런 자세로 판사·변호사 생활 총 17년의 경험을 통해 이 나라 인권 수준을 향상시키고 여성들의 억울함을 줄여 보려는 간절한 염원을 담아 글을 썼다.

며칠 전 이 지면에 '이혼법정 남녀차별은 없다'는 제목으로 반론이 게재됐다. 그분은 18년 판사 생활을 마치며 글을 쓴다고 했는데 내용도 법원의 입장을 반영한 것으로 보인다. 법원은 사전처분과 이행명령을 적극 활용해 이혼소송 중에 생활비를 지급받지 못하는 여성들이 생활에 지장받지 않도록 후견적 역할을 했다고 한다. 하지만 이혼법정을 경험한 많은 여성과 변호사들은 이것이 사실과 다름을 알고 있다.

자기 명의로만 재산을 등기하고 소득이 있는 남편이 이혼소송을 당하면 보복으로 즉각 아내와 어린 자녀들에게 지급하던 생활비와 양육비를 중단하는 일이 많다. 이런 상황에서 당장 생계의 고통에 직면한 여성은 생활비와 양육비의 사전처분을 신청하지만, 법원이 여성의 생활비를 인정하는 경우는 드물다. 법원은 여성이 아프거나 나이가 많은 경우 등 예외적인 상황에서만 생활비를 인정하며, 미성년 자녀들에 대한 양육비의 사전처분 신청도 이유없이 기각하거나 방치하는 경우가 있다. 생활비나 양육비를 인정하는 경우도 평소 지급하던 액수를 대폭 감액한다.

반론문에서 '집을 나와 혼자 사는 아내에게' 생활비를 줄이는 것은 정당하다는 취지로 주장하는데, 법원이 가출한 아내에게 생활비를 지급하는 경우는 거의 없고 생활비 청구도 엄두를 내지 못한다.

전업주부에 대한 재산분할 비율을 높였다고 하는데, 재산분할 제도가 시작된 91년부터 지금까지 전업주부에 대해 법원이 인정하는 기여도는 아직 30% 수준에 머물러 있고 그 이하인 경우도 많다.

가사노동과 병행해 남편의 사업체를 도운 아내의 경우도 기여도를 25%, 29% 등으로 낮게 평가한 사례가 수두룩하다.

"시누이에게 순종하지 아니하였다"는 판결에 대해 남편이 그와 같은 주장을 하여 소송을 제기했기 때문에 법원이 사실을 인정한 것에 불과하다고 하는데, 이는 사실관계에 기초하지 않은 반론이다. 남편은 그런 주장이나 표현을 사용하지 않았는데, 이는 판결문에서 처음 나온 표현이며 가치판단이 내포된 것이다. 위자료 산정은 변론의 전 취지를 참작하여 정하게 되어 있는데, 법원의 이러한 가치관은 위자료를 산정하는 데 반영된다.

필자가 여성이라는 이유만으로 무조건 유리한 결론을 요구한 적이 없는데, 반론문은 이와 같이 왜곡된 결론으로 사회 일반인의 여성에 대한 부정적 감정을 자극하며 문제의 초점을 흐리고 있어 참으로 유감이 아닐 수 없다. 정의실현의 최후 보루인 법원이 억울한 사람의 고통을 덜어줌으로써 진정 국민들의 사랑을 듬뿍 받는 조직으로 거듭나길 바란다.

「이혼법정 억울한 여성 아직 많다」는 이 칼럼은 2004년 2월 17일자 동아일보에 기고된 칼럼으로, 혼인관계에서의 불합리하고 차별적인 관행 등에 대하여 문제제기를 하였다. 전업주부의 재산분할 비율이 대폭 증가되고, 이혼 소송 중 여성이 생활비와 양육비를 받도록 법원이 적극 조치 하는 등 여성의 권익이 대폭 신장되었다.

결혼과 돈

혼인과정에 거액의 예단비를 지불하거나 혼수와 결혼식 비용에도 억대의 돈을 들여 결혼했지만 단기간에 파탄이 나는 경우가 종종 있다. 신혼여행을 다녀오는 즉시 헤어지는 커플도 있고, 결혼식을 올리고 혼인신고 없이 혼인생활을 하거나 혼인신고를 하고 살았지만 수개월 만에 파경을 맞이하는 부부도 있다.

이처럼 결혼한 지 단기간에 갈라서는 경우 피해 당사자의 정신적 고통도 크지만 결혼에 들인 비용이 무의미하게 되어 재산 피해도 많다. 이런 사람들은 정신적 피해배상뿐 아니라 결혼할 때 준 예물·예단비를 돌려받고 결혼식에 소요된 비용과 살림구입비 등도 배상 받기를 원한다.

하지만 결혼했다가 헤어지는 경우에는 약혼식만 올린 경우와 달라 결혼식 비용의 배상은 안 되고 예물·예단비에 대해서는 '결혼이 무의미하게 될 정도로 지극히 단기간 파탄된 경우'에 원상회복을 인정해주고 있다.

약혼식을 올리고 파혼하는 경우에는 부당파혼을 당한 피해자가 책임 있는 자에게 위자료는 물론이고 약혼예물에 대한 반환청구와 함께 약혼식에 들어간 비용일체를 배상받을 수 있다. 하지만 결혼하였다가 헤어지는 경우에는 사실혼이든, 법률혼이든 결혼식 비용의 배상은 안 되며, 예물·예단비에 대해서도 지극히 단기간의 경우에만 원상회복이 인정된다.

'결혼이 무의미하게 될 정도로 지극히 단기간 파탄된 경우'는 무엇을 말할까. 획일적으로 말할 수 없으나 판례에서는 주로 1, 2개월 정도에 한해 예외적으로 허용되었다. 그러나 최근에 결혼한 지 5개월 만에 이혼하게 된 부부에게도 이를 적용하여 예물·예단비 전액을 돌려주도록 한 서울가정법원의 판결이 나왔다.

혼인 과정에서 신부집에서 신랑집에 예단비 10억 원을 보내고, 신랑집에서 봉채비로 신부집에 2억 원을 보냈으며, 신랑집에서 아파트를 마련하고 신부 집에서는 아파트의 인테리어 비용으로 4,000만 원을 지불했는데 결혼식을 올리고 혼인신고를 하고 살았지만 5개월 만에 이혼에 이르게 된 경우, 남자는 여자에게 부모가 받은 예단비 8억 원과 인테리어비용 4,000만 원을 반환하라고 한 것이다.

결국 혼인생활 기간이 5개월 정도가 넘어가면 예물·예단비의 반환청구는 어렵게 되는 것이다. 이런 경우에는 위자료나 재산분할청구 밖에 허용되지 않는데 혼인생활이 짧으면 위자료도 적고, 재산분할도 적게 된다. 결혼하면서 준비해간 살림살이에 대해서는 여자가 살림살이 자체를 가져갈 권리가 있어도 그 구입비의 배상청구는 안 된다. 결혼할 때 들인 억대 혼수, 예물, 예단비는 무용지물이 되며 호화결혼 비용의 배상은 받을 길이 없게 된다. 반면 아파트를 살 때 돈을 보탠 남자는 재산분할에서 월등하게 우월한 위치에 서게 된다.

결혼과정에 여자측이 호화혼수나 값비싼 예물, 거액의 예단비를 부담하고 남자측은 집을 장만하는 결혼관례는 헤어질 때 여자에게 엄청나게 손해가 되는 것이다. 호화결혼이 단기간에 파탄나는 대부분의 원인은 예물·예단비를 둘러싸고 일방의 과도한 요구와 기대에 충족하지 않는데 대한 노골적인 불만의 표시에 있는 때가 많다. 이런 소송을 하다보면 인간의 가장 탐욕스럽고 추잡한 면을 보게 된다. 노골적으로 거액의 현금을 예단비로 요구하는 경우도 있고, 호화혼수와 예물을 어느 곳에서 해오라고 요구하는 목록을 제시하는 경우도 있다. 준비해 간 혼수가 마음에 안 든다고 예비 며느리에게 혼수를 던져버리는 시부모도 있다.

　이런 과정에서 결혼하는 부부가 애정으로 결합된 가정을 가꾸기는 어려운 것이다. 이런 결혼은 매매혼이지 진정한 의미의 결혼이라고 할 수 없다. 이 정도의 돈을 퍼부으며 결혼시킬 바에는 딸이이 사회에서 가치 있는 일을 하며 경제적 독립을 할 수 있는 능력을기르는 데 투자하는 것이 백배 낫다고 본다.

　이런 사건에서 호화 혼수와 예물목록을 정리할 때마다 에리히프롬의 '소유냐 존재냐'를 생각하게 한다. 더 많이 소유하기 위해아등바등하는 사람보다 더 높은 완성을 위해 사는 사람이 많아졌으면 좋겠다.

혼전계약제,
민법개정안에 포함해야

———

요즘 결혼하려는 사람들 사이에서 혼전계약
(prenuptial agreement·약칭 'prenup')에 대한 관심이 높아지고
있다. 톰 크루즈 등 유명인이나 부유층의 전유물로만 여겼던 혼전
계약이 이제는 젊은 예비 신혼부부, 재혼을 앞둔 중장년층 등 일반
인 사이에서도 혼인의 사전 절차로 여겨진다. 여성의 사회경제적 지
위가 향상되고 이혼율이 높은 시대에 혼인 실패에 따른 위험 부담
을 피하기 위해 각자 고유재산을 보호하는 장치가 필요하기 때문
이다.

유럽 대부분의 국가, 미국의 모든 주와 호주가 혼전계약을 인정

하고 있다. 혼전계약의 방식이나 유효 요건, 내용은 나라마다 다양하다. 방식은 서면 작성이나 공증 요건도 있고, 변호사 대리나 증인을 요하는 경우도 있다.

가장 많이 사용되는 혼전계약 방식은 혼인 전에 각자 보유한 재산과 혼인 후 일방이 증여나 상속받게 될 재산은 고유재산으로 인정하고 이혼 시에 재산분할 대상에서 제외하는 것이다. 이혼 시 부양료나 위자료 청구를 미리 포기하는 것도 가능하다. 혼전계약에 유언장의 효력이 있는 내용을 담기도 하는데, 각자 고유재산에 대해서는 배우자 사망 시에 상속재산에서 제외하는 경우도 있다. 그러나 결혼 후 공동기여로 형성한 공동재산에 대해 재산분할을 포기하게 하거나 종교를 강요하는 조항 등은 무효가 될 수 있다.

한국의 혼전계약은 외국과 차이가 크다. 민법 제829조에서 '혼인 성립 전에 그 재산에 관하여 따로 약정을 할 수 있다'는 조항이 바로 혼전계약인데, 그 방식에 대해 서면이나 공증 등 어떠한 요건도 요구하지 않는다. 내용에 대해서도 '재산에 관한 약정'으로 돼 있을 뿐 구체적인 규정이 없다. 다만 혼전계약은 이혼이나 배우자 사망 시에는 적용되지 않는 것으로 해석되고 있다. 따라서 외국처럼 혼인 해소를 전제로 이혼 시에 일어날 재산분쟁에 관한 약정이나 사망에 대비한 상속분에 대한 약정은 혼전계약의 대상이 될 수 없다.

한국의 혼전계약은 '혼인 기간 중 재산관리'에 관한 사항을 정하는 데 의미가 있을 뿐이다. 부부재산약정 등기부에 각자의 고유재산을 열거하고 각자 소유로 한다고 등기했다 하더라도 이는 혼인 기간 중 각자 재산의 처분과 관리의 자유를 인정받는 데 의미가 있을 뿐, 혼인 해소 시에는 별 의미가 없게 된다. 즉 혼인 전부터 보유한 고유재산이나 혼인 후 증여 내지 상속으로 일방이 취득하게 된 특유재산이라도 결혼 기간이 어느 정도 진행되면 이혼에 따른 재산분할의 대상이 된다. 배우자 사망 시에는 결혼 기간에 상관없이 상대방의 모든 재산이 상속재산에 포함된다. 외국에서는 이런 문제를 해결하기 위해 혼전계약이 사용된다. 우리도 이에 대한 수요가 커지는데도 현행 민법의 혼전계약 제도는 이런 수요에 부응하지 못하고 있다. 유명무실한 제도다.

법무부는 이 혼전계약 규정은 손도 대지 않고, 배우자 상속분을 대폭 확대하는 개정안을 제시한다. 최소한 배우자에게 남겨야 할 상속분(유류분)에 대해 외국에서는 혼인 중 형성한 부부 공유재산의 3분의 1 내지 2분의 1 범위 내에서 인정되고 있다. 결혼 기간이나 미성년 자녀 유무에 따라 그 비율을 달리하고 있고, 배우자가 충분한 자력이 있거나 생전에 미리 재산을 분배받았을 경우에는 감축할 수도 있다. 그리고 고유재산에 대해서는 배우자의 상속권을 배제하는 혼전계약이 인정되고 있다.

법무부의 개정안은 배우자 상속분에 대해 이미 할증된 법정상속분이 있는데도 전체 상속재산에서 선취분 50%를 배우자의 몫으로 추가 인정하고 유언으로도 배제를 못하게 하고 있다. 이는 유언의 자유를 침해하고, 가족관계의 갈등과 분쟁을 심화시키며 혼인에 대해 지나친 부담을 준다. 혼인 기간과 상속재산의 성격, 사전 재산분배 여부 등 다양한 요소는 고려하지 않고 법률에서 일률적으로 배우자 상속분을 지나치게 확대하고 분쟁을 법원에서 해결하게만 하는 것은 옳은 방향이 아니다.

　　분쟁을 사전에 막고 각자 고유재산을 보호하려는 시대적 수요와 다양해진 혼인 형태에 적합하게 보완된 혼전계약 제도를 민법개정안에 포함해야 한다. 이는 안전하고 평화로운 혼인관계를 위한 초석이 될 것이다.

혼인, 계약관계로
전락하다

"간통죄 위헌 결정으로 결혼과 가족생활에 대한 국가적 보호장치 사라져"

혼인과 가족생활에 대하여 국가가 보호한다는 헌법상 원칙(헌법 제36조)은 헌법재판소의 간통죄(형법 241조)에 대한 위헌 결정과 대법원의 판례 추이로 무너져 내리고 있다. 이번 헌재의 위헌 결정에 앞서 지난해 11월 대법원은 이미 일부일처제 법률혼 관계를 근본적으로 위태롭게 하는 전원합의체 판결을 내린 바 있다.

법률혼 관계에 있는 부부의 일방과 성적 관계를 맺은 제삼자에 대해 실질적으로 부부 공동생활이 파탄되어 회복할 수 없을 정도의 상태에 이른 후라면 부부 상호간에 성적 성실의무는 소멸되어 불법행위 책임이 없다고 판단한 것이다. 이미 깨진 가정이라면 이혼을 하기 전이라도 다른 이성과 자유롭게 성적인 교제를 할 자유를 준 셈이다.

이번에 헌재는 "비록 비도덕적인 행위라 할지라도 본질적으로 개인의 사생활에 속하고 사회에 끼치는 해악이 그다지 크지 않거나 구체적 법익에 대한 명백한 침해가 없는 경우에는 국가권력이 개입해서는 안 된다"고 하면서 간통죄 조항이 "국민의 성적 자기결정권 및 사생활의 비밀과 자유를 침해하는 것으로서 헌법에 위반된다"고 하였다. 그러나 2008년 내린 헌법재판소 결정에서는 "간통이 사회 질서를 해치고 타인의 권리를 침해하는 경우에 해당한다"고 하면서 간통죄 조항이 "개인의 성적 자기결정권, 사생활의 비밀과 자유를 침해한다고 볼 수 없다"고 하였다. 불과 7년 만에 헌재는 간통죄가 타인의 권리와 사회 질서를 해치는 것이 아니라고 입장을 바꿔버린 것이다.

간통죄 위헌 결정이 나온 다음 수순으로 대법원은 혼인관계 파탄에 책임이 있는 유책 배우자의 이혼 청구를 받아들이지 않았던 종전 판례를 변경할지 여부에 관하여 전원합의체에 회부, 숙고에 들어갔다고 한다. 판례 변경이 일어날 경우 바람을 피워서 가정을 파탄 낸 사람이 이혼 청구까지 자유롭게 할 수 있게 되어 아무런 잘못이 없는 배우자가 이혼을 당하게 되고 혼인과 가족생활에 대한 국가적 보호 장치는 사라지게 된다. 혼인관계는 철저히 개인 간의 사적 계약 정도로 취급되고 가정을 깬 사람에 대한 법적 책임도 미약한 현실에서는 혼인은 일반 상거래상의 보호보다도 못한 취급을 받게 되는 세상이 되었다.

가장 보수적이라 여겼던 대법원과 헌재가 앞다퉈 가정과 혼인관계의 보호 장치를 제거하고, 개인의 성적 자유만을 최고로 보호하는 자유 지상주의로 치닫고 있다. 헌법 제37조는 국민의 자유와 권리는 국가 안전보장, 질서유지 또는 공공복리를 위해 필요한 경우에 한하여 법률로써 제한할 수 있다고 하였다. 질서유지에는 타인의 권리 유지, 도덕질서 유지를 포함하고, 공공복리는 사회의 공공질서 유지나 국민 일반의 생활 안정, 국가재정 절약의 원칙이 포함된다는 것은 헌법책을 들여다보면 다 나와 있다. 그럼에도 헌법을 해석하는 최고기관들이 배우자와 자녀의 권리와 인권, 도덕질서 유지, 사회 공공질서나 가정의 행복과 생활 안정 등과 같은 소중한 공동체 가치보다 개인의 성적 방종과 자유 탐닉, 가정파괴범들의 인권을 사생활 보호와 성적 자기결정권이라는 이름으로 적극 지원하고 있으니 참으로 개탄할 현실이다.

스코틀랜드의 정치개혁가이자 작가인 새뮤얼 스마일스는 〈자조론(自助論)〉에서 "국가 발전은 국민 개개인의 근면, 에너지, 고결함의 총합이다. 그러나 국가 쇠퇴는 국민 개개인의 게으름, 이기심, 악덕의 산물"이라고 했다. 국가 발전의 에너지가 되는 국민들의 고결함을 북돋우기보다 국가를 무너뜨리는 국민들의 이기심과 악덕을 헌법기관들이 앞장서서 조장하는 작금의 세태에 우려를 금할 수 없다.

사회를 위해 헌신하는 정의로운 법률가들은 지금도 정의수호가 법률가의 진정한 사명임을 알고 뛰고 있다. 오른손엔 칼을, 왼손엔 저울을 든 정의의 여신이 눈이 가려진 채 말한다. "개인적 편견, 감정, 이해관계나 학연, 혈연, 기타 연줄 등 사적인 잣대로 사사롭게 법을 적용하지 말라!"

PART 03

사법정의를
위하여

범죄자는 관대하게 처벌하고 피해자
에게 주는 배상금이 인색한 나라는 결
국 나쁜 사람, 나쁜 기업, 강자를 보호
하는 나라가 될 수밖에 없다.
나쁜 짓을 한 자는 웃고 피해자는 억
울해 우는 나라에서는 모두가 피해자
일 뿐이다. 우리 사법 시스템의 근본
적인 개혁이 필요하다.

사법정의를 위하여

"당신은 변호사 일을 돈을 위해서가 아니라, 당신의 영혼을 위해서 하지요." 미국의 인기 소설 『거리의 변호사』에 나오는 대사다. 90만 달러 연봉을 받던 한 대형 로펌의 변호사가 가난한 사람들을 위해 일하는 소규모 법률사무소에 3만 달러 연봉의 변호사로 나선다. 지위와 부가 보장되는 그 자리를 버린 이유를 이해못한다는 주위의 말에, 가난한 사람들을 위해 일하는 또다른 동료 변호사들이 한 말이다.

법조인 등 전문직업인에게 어느 사회건 무거운 사회적 책임과 고도의 직업윤리를 요구한다. 법조비리의 핵심은 바로 직업 윤리의식의 마비가 아닐까 싶다. 여러 원인이 있겠지만, 전문적인 직업 윤리교육의 부재, 윤리규정의 미비, 징계조치의 허술도 큰 원인이라고 본다. 필자는 한국의 법률가들이 윤리교육을 제대로 받지 못했음을 미국에서 실감하였다. 미국 변호사가 되기 위해선 변호사 시험과 함께, '전문직업인 윤리시험'도 별도로 통과해야만 한다.

먼저 그 윤리시험을 친 한국의 변호사들은 "한국의 실정과 정반대의 답을 찍어야 해요."라고 말했다. 필자가 윤리시험을 준비하게 되었을 때 이 말을 실감하였다. 미국의 대표적 법조윤리규정은 다음과 같다.

"변호사는 절대로 판사나 법원의 관리 등에게 부당한 방법으로 영향력을 미치려고 해서는 안되며, 의뢰인에게 자신이 공무원에게 부당한 방법으로 영향력을 미칠 수 있다고 말하거나 암시해서도 안된다. 변호사는 법정 밖에서 판사에게 일방적으로 사안에 관련된 유리한 진술을 해서는 안된다. 판사는 선물이나 향응, 금전의 차용을 절대로 변호사로부터 받아서는 안되고, 변호사에게 개인적 편향이 있으면 사건에서 물러나야 한다. 법조인은 다른 법조인의 윤리규정 위반사실을 알았을 때는 이를 해당 징계위원회에 고발해야 하며, 이를 알고도 고발하지 않으면 징계에 회부된다."

미국이 이러한 엄격한 윤리규정을 만든 것은 위와 같은 행동들이 법조계에서 일어난다면, 판·검사가 법을 개인적 친분에 의해 불공평하게 적용하게 되고, 따라서 사법정의가 무너지게 되기 때문이다.

사법정의는 공평한 게임을 생명으로 한다.

이러한 윤리규정 위배는 파면, 자격 박탈과 같은 중징계에 해당하는 심각한 비리이며, 경우에 따라 형사처벌도 받는다. 미국의 변호사 징계는 아주 엄중하다. 미국은 전관예우라는 비리는 거의 없다. 사건 브로커를 고용한 경우에는 자격박탈이나 자격정지 등 중징계가 따른다. 미국변협이 발행한 1996년 미국변호사 징계현황 조사에 따르면, 총 활동 변호사 약 103만 명 중 542명이 자격박탈, 1,324명이 자격정지처분을 받았다.

미국의 법조윤리교육은 로스쿨의 〈전문직업인 윤리〉과목에서 시작된다. 그 내용은 막연한 법철학이 아니라, 실제 일어난 케이스 중심으로 아주 구체적이다. 전문직업인의 윤리시험도 마찬가지다. 이런 과정을 거치게 되면 예비 법조인은 이미 윤리규정을 숙지하고, 구체적 케이스를 통해서 윤리 위반 사례를 체험하게 된다. 변호사가 된 후에도 어떤 일을 처리하기 전에 윤리규정에 위반되는 지를 변협 등에 문의한다.

한국 내 대학에서의 법철학이나 사법연수원에서의 법조윤리과목은 전문적인 법조인 윤리교육이 아니다. 구체적인 전문직업인의 윤리교육 기회도 없이 법조계에 들어선 법조인들은, '관행'이라는 이름으로 저질러지는 무법과 비윤리에 길들여지기 쉽다.

그러나 교육과 규정이 부실해도, 무엇이 옳고 그른지는 정상적인 인간이면 다 안다. 돈에 자신의 영혼을 팔지 않고, 법조인의 사명과 책임에 충실하며, 묵묵하게 최선을 다하고 있는 법조인들도 많다. 사회를 위해 헌신하는 정의로운 법률가들은 지금도 정의수호가 법률가의 진정한 사명임을 알고 뛰고 있다. 오른손엔 칼을, 왼손엔 저울을 든 정의의 여신이 눈이 가려진 채 말한다. "개인적 편견, 감정, 이해관계나 학연, 혈연, 기타 연줄 등 사적인 잣대로 사사롭게 법을 적용하지 말라!"

안락사 논쟁,
남의 일 아니다

———

　　　　　　최근 미국 미시간주의 1심 법원이, 말기병 환자를
안락사 시켜온 의사 잭 케보키언에 대해 2급 살인죄로 유죄판결을 선
고했다. 이 판결은 10여 년간 130여 명의 말기병 환자의 자살을 도왔
다고 자인하는 잭 케보키언을 처벌하려고 미시간주 검사가 몇 차례
나 시도하였으나, 배심원의 거듭된 무죄평결로 한번도 처벌하지 못했
던 끝에 처음 내려진 유죄판결이었다. 잭 케보키언은 자살 방조를 금
지하는 미시간주 법에도 불구하고, 말기병 환자가 의사의 도움으로
존엄하게 죽을 권리가 헌법상 인정되어야 한다는 소신하에 이런 행동
을 해온 사람이다. 미국엔 케보키언의 행동을 지지하는 '자살선택권

리그룹'과 반대하는 '생명옹호그룹'간의 안락사 공방이 뜨겁다.

소극적 안락사란 식물인간 상태의 환자 경우와 같이, 인공 호흡기나 음식물 공급관과 같은 생명지탱장치를 단지 제거하는 것만으로 환자를 죽게 하는 방법이다. 연방대법원은 1990년 크루잔 사건에서 〈원하지 않는 의료시술을 거부할 권리〉의 하나로서 헌법상 인정된다고 하여 소극적 안락사는 허용했다. 그러나 대법원은 환자 자신이 의식이 있을 때 "식물인간 상태로 살기를 원하지 않는다."는 분명한 의사표시가 증명될 때만 허용된다고 제한했다.

적극적 안락사란 잭 케보키언이 한 행위와 같이, 말기병 환자의 요청에 의하여 의사가 극약주사를 놓는 등의 방법으로 자살에 이르도록 적극적으로 돕는 것을 말한다. 적극적 안락사의 문제는, 환자의 입장에서 〈의사의 도움으로 자살할 권리〉 또는 〈존엄하게 죽을 권리〉의 하나로서 헌법상 인정되는가 하는 각도에서 논의가 되고 있다. 안락사 문제는 미국수정헌법 제14조의 〈적법절차조항〉에 의한 개인의 자유권의 일종으로 논의된다.

연방대법원은 적극적 안락사에 관해서, 1997년 내린 글룩스버그 사건과 퀼사건 등 두 사건에서 "의사의 도움으로 자살할 권리는 헌법상 존재하지 않는다."고 판결하면서 "주정부 차원에서 의사의 보조에 의한 자살을 허용하는 법은 만들 수 있다."고 하여 주정부 차원에서 해결하도록 맡겨버렸다. 연방대법원이 적극적 안락사를 헌법상의 권리로 인정하지 않은 이유는, 이를 인정하게 될 경우 생명경시 풍조가 초래되고, 노인·불구자 등 취약한 영역에 있는 사람들에게 부당한 영향을 주게 될 것을 우려했기 때문이다.

미국에서 의사가 말기병 환자의 자살을 도울 수 있는 것을 합법화한 주는 오리건주뿐이다. 오리건주에서는 주민투표로 〈존엄한 죽음에 관한 법(the death with dignity)〉을 제정, 생존기간이 6개월 미만의 말기병 환자에 대하여 엄격한 요건하에 반드시 수면제의 처방만으로 의사가 자살을 도울 수 있는 것을 허용했다. 의사에 의한 자살방조를 합법화한 나라는 많지 않다. 호주는 세계 최초로 〈말기증상의 불치병 환자의 권리에 관한 법〉을 제정하여 의사의 자살 방조를 허용하고 있고, 네덜란드는 법원의 판결로 말기병 환자의 자살을 도운 의사에게 안락사의 항변을 허용한다. 우리나라에서 안락사 문제가 일어난다면 헌법 제10조 〈인간의 존엄과 행복 추구권〉의 일종으로서 생명의 처분에 대한 자기결정권이 포함된다는 각도에서 논의될 것이다. '존엄하게 죽을 권리'에 관한 헌법 논쟁은 남의 나라 문제만이 아니다.

대법원은 2009년 5월 식물인간 상태의 회복불가능한 환자에게 무의미한 연명치료 장치 제거를 인정함으로써, 우리나라에도 지극히 제한된 조건하에서 소극적 안락사가 허용되게 되었다.

대법원장 선출
국민검증 강화를

최종영(崔鐘泳)신임 대법원장이 국회 동의를 받아 6년 임기에 들어갔다. 대법원장 임명에 대통령이 지명한 날부터 국회 동의를 받은 날까지 불과 5일이 걸린 셈이다. 이 짧은 기간에 삼권분립의 한 축을 담당하고 전 국민의 권리에 중대한 영향을 미치는 판결을 내리는 사법부의 최고 수장을 뽑는다는 것은 어딘지 모르게 국민의 권리가 무시당한 것 같다.

현행 대법원장 임명 방식하에서는 국민이 대법원장이 어떤 인물인가를 충분히 알고 검증할 기회가 거의 없다. 국회 동의 절차가 있지만 이것은 심도있는 토의 없이 투표만 하는 방식이다.

국민은 대법원장이 어떤 성향의 인물인지, 과거 경력에 비춰 볼때 적격자인지 여부를 판단할 기회는 거의 없다. 대통령이 대법원장 후보를 지명한 날로부터 국회 동의절차를 밟는 날까지 워낙 짧아 언론이나 시민단체의 논평 정도의 기회만 주어질 뿐이다. 우리 역사상 존경받는 대법관으로 국민에게 기억되는 사람은 초대 대법원장 김병로씨 등 손에 꼽을 정도다. 떠나는 대법원장, 신임 대법원장이나 현직 대법원 판사 이름을 제대로 아는 국민도 많지 않다. 이런 현상은 무엇을 의미하는가. 국민들이 사법부 수장이나 대법원 판사들이 누가 되든 무관심한 탓으로만 돌릴 수는 없다.

국민의 의사를 제대로 물어보지도 않고 반영할 기회조차 주지 않고 대법원장과 대법원 판사를 뽑는 우리의 시스템이 그렇게 만들었다고 본다.

미국은 대법원장, 대법원 판사가 임명될 때 인사청문회를 거친다. 인사청문회를 통해 미국 국민들은 후보 인물의 철학과 소신, 인생관, 도덕성과 자질을 철저하게 검증할 기회를 갖게 된다.

이러한 검증을 통과한 후보에 대해서는 국민들의 신뢰감이 높아질 것이다.

미국은 보통시민들이 대법원 판사 9명의 이름, 그들이 내린 중대한 판결들, 그들의 프로필과 사상을 상식처럼 알고 있는 것을 보면 신기하다. 이것은 대법원에 보내는 국민들의 애정과 관심이 그만큼 각별하다는 증거이기도 하다.

1991년 부시 대통령이 퇴임하는 최초의 흑인 대법원 판사 서굿 마셜의 후임자로 같은 흑인인 클래런스 토머스를 지명했을 때 개최된 상원의 인준청문회는 미국민이 대법원 판사 한 명을 임명하는데 얼마만큼 철저한 검증을 거치고 그에 대한 관심이 얼마나 높은지를 잘 보여주는 예다.

토머스는 청문회에서 자신의 과거 경력과 철학, 도덕성과 자질 등에 관련된 큰 걸림돌을 만나게 된다. 토머스는 흑인으로 소수자 우대정책에 반대하고 차별 등 시민권 문제에 소극적이었다는 것이다. 또 그는 과거 고용기회균등위원회에 근무했을 때 직원이었던 한 여성이 생방송으로 중계된 상원 청문회장에 나와 자신이 토머스한 테서 성희롱당했다는 것을 폭로한 것이다.

이 때문에 유색인종민권운동단체(NAACP) 등 일부 시민권단체와 흑인그룹, 여성단체가 그의 인준에 반대했다.

그러나 흑인 우대가 의존심만 키우고 열등감을 느끼게 만든다고 반대하고 흑인들이 실력을 향상시켜 경쟁사회에 적응, 근본적으로 차별을 제거하는 것이 그의 철학이라는 것이 밝혀져 상원 인준을 통과했다.

국가 경영의 패러다임을 바꿔야 21세기에 우리가 진정한 선진 강대국으로 진입할 수 있다. 사회 구석구석에서 개혁의 손짓을 하고 있고 국민들은 사법 정의를 갈망하고 있다.

　성숙한 시민사회가 될수록, 법치주의가 제대로 실현 될수록 판결로 세상을 바꿀 수 있는 힘은 커진다. 이러한 시대적 상황에서 사법부 수장을 뽑는데 국민들의 의견을 제대로 물어보지 않은 채 전근대적 방식으로 새천년을 여는 시대에 사법부의 수장을 뽑았다는 것은 개운치 않다.

　이런 방식은 이번이 마지막이길 바란다. 앞으로 새로 임명할 대법원 판사는 제발 우리 국민에게 그들의 자질을 검증할 기회를 주어야 한다.

　어쨌든 새로 뽑힌 대법원장은 우리 사법부가 정의를 수호할 수 있도록 이끌었으면 한다.

대법관후보추천위원회가 실질적으로 추천권을 행사하는 것이 아니라 대법원장이 원하는 사람을 추천해주는 형식상 기구로 역할하고 있는 현실이 안타깝다.

우리에게
법이 있는가

화성 씨랜드 화재사건에 이어 수많은 어린 생명들을 앗아간 인천 호프집 화재 사건을 보면서 착잡한 마음을 금할 수 없다.

우리 사회에 법이 있다고 할 수 있는가? 건축법·소방법·청소년보호법 등이 있는데도 양심 마비 상인들과 부패 공무원의 결탁이 법을 무용지물로 만들었으니 말이다. 관련 공무원이 법을 제대로 집행했더라면 이런 참사는 막을 수 있었을 것이다.

선·후진국의 차이는 국민을 보호하는 사법장치가 제대로 실현되고 있는지에 달려있다. 이혼·가정폭력 관련 피해자 보호수준도 우리는 후진국 수준이다.

10년간 남편의 상습폭행 속에 살아온 김(金)여인이 있다. 어느 날 남편이 김여인을 길가에서 몇 시간을 끌고 다니며, 차고, 머리를 시멘트벽에 부딪치는 폭행을 했다. "내 마누라야" 라는 한마디에 사람들은 '범죄' 라 생각지 않고 외면했다.

결국 그녀는 아이들과 도망가서 이혼 및 양육권 등 소송을 제기했지만, 아이들을 학교에도 보내지 못하고 숨어 지냈다. 언제 남편이 아이들을 납치해 갈지 모르기 때문이었다.

왜 이런 일이 발생할까? 그것은 이런 상황에 적용될 가정폭력방지법과 가사소송법이 허술하고, 법원도 피해자를 효과적으로 보호하지 않기 때문이다.

폭력남편을 가정에서 퇴거시키고 100m이내 접근 금지시킬 수 있는 가정폭력방지법이 지난해 시행됐지만 가정폭력을 '범죄' 가 아닌 '부부싸움' 정도로만 인식하는 경찰이나 일반시민의 인식이 여전하고, 법원도 접근금지 임시조치를 쉽게 명하지 않는다.

김여인도 몇 차례 신고했지만, 남편은 벌금형 70만 원만 받았다. 이는 가계부담만 주게 돼 남편이 김여인을 폭행하는 다른 구실만 제공했다. 마지막 폭행사건에서 3주 진단을 받은 그녀의 신고에 대해 법원은 비로소 남편에게 '퇴거 및 접근금지' 임시조치를 내렸다.

하지만 남편은 그 명령을 듣지 않았다. 가해자가 접근금지 임시

조치 명령을 위반했을 때 처벌규정이 없기 때문이다. 판결문이 휴지 조각이 된 셈이다.

그래서 그녀가 폭력남편을 피해 도망갔던 것이다. 그녀가 아이들을 학교에 못 보내고 숨어 지내는 이유는 무엇인가. 이혼 및 양육권 소송 판결 전까지 폭력아빠도 친권 및 양육권을 가지는 것이 문제다. 이 때문에 아빠라는 이유로 아이들을 마음대로 납치하고 전학시키는 일을 가능하게 만든다.

이를 방지하기 위해 판결 전이라도 임시로 아빠의 친권상실 또는 엄마의 단독양육권을 줄 수 있는 사전처분 제도가 있다.

문제는 법원이 '관례'를 이유로 이 제도를 거의 활용치 않는 데 있다. 김여인도 사전처분을 신청했지만 두달이 넘도록 법원은 심리조차 열지 않았다. 이러는 사이에 폭력남편에게 법도 무섭지 않고, 폭력아빠가 아이를 납치하러 활보하는 것이 이 나라다.

미국에서 이런 상황이 전개됐다면 어떻게 될까? 가정폭력의 낌새만 보여도 이웃은 즉각 신고한다. 가정폭력을 신고하면 즉각 경찰이 출두해 폭력남편을 체포, 가정폭력사건으로 심리에 회부하고, 피해자를 병원으로 호송해 치료를 받게 한다. 법원은 신속히 가해자에게 가족에 접근금지명령을 발하고, 양육권은 피해자에게 귀속되며 남편에게 가족생활비를 지급하게 하는 임시조치명령을 내린다. 이 모든 조치가 무료로 행해진다.

남편이 판사의 명령을 어기고 가족에게 접근하면, 이는 법정모욕죄에 해당해 감옥에 보낼 수 있다. 판사는 명령을 내리면서 "이 명령을 어긴 경우 당신을 법정모욕죄로 징역 7년에 처할 수 있다." 는 경고를 한다. 이 앞에 누가 감히 판사의 명령을 거부하겠는가? 우리의 법정모욕죄가 법정 부근에서 소란을 부린 경우만 적용되는 것과 대조적이다.

사전처분제도가 있어도 이를 살리지 않는 판사는 화재사건에서 법집행을 외면한 공무원의 태도와 비교된다. 피해자 보호가 철저하고, 법을 어긴 자에 대해 법이 단호하게 응징하며, 판결이 정말로 확실한 효력을 발휘하는 나라가 사법정의가 살아 있는 선진국이다.

우리에게 국민을 보호하는 법은 어디에 있는가? 억울한 피해자들의 신음소리가 들리지 않는가?

법조계의
환골탈태

———

사회가 부패해도 사법부가 정의로우면 희망이 있다. 사법부가 부패하면 법보다는 권력, 돈이나 학연, 지연 등 연줄로 사건을 해결하려고 하는 사람들로 가득차게 된다. 불행히도 현재 국민앞에 비친 우리 사법의 모습은 이렇다. 바로 법조계가 본분을 다하지 못했기 때문이다.

우리는 선진사법제도를 도입했지만, 운영을 왜곡시켜 고질적 비리를 '관례'라는 이름으로 '법'보다 우위에 두는 이상한 관행을 정착시켰다. 예를 들면 전관예우다. 전·현직 판·검사들끼리 강한 동류의식을 갖고 서로 봐주는 관행은 세계 어느 나라에도 없다.

사사로운 감정이나 동류의식에 의해 판결과 법집행이 좌우될 수 없는 것인데도, 우리 법조계는 이것이 통용되어 사법정의를 파괴하였다.

이를 방지하기 위해서는 판사를 경력있는 훌륭한 변호사 중에서 선발해야 한다. 판·검사는 임용되면 일본처럼 평생 그 길을 가도록 보장하고, 변호사와의 사적인 접촉을 규제해야 한다. 검찰은 정치검찰, 권력의 시녀란 이름으로 비판받아 왔다. 지금도 집권당에 유리하게 검찰권을 편파적으로 행사하며, 힘없는 일반 시민들 앞에는 공안검찰이란 이름으로 서슬퍼런 칼날을 휘두른다. 출세욕에 불타는 검사들과 검찰권력을 이용하려는 정권이 결탁되었기 때문이다. 선진국 검찰은 '공익의 대변자'로서 시민의 이익을 보호하는데, 우리 검찰은 국민위에 군림해 왔다.

미국은 변호사가 공익을 위해 무료변론을 하거나 공익소송비용을 지원할 의무를 이행하고 있다. 우리는 공익을 위한 무료변론이나 소외된 자, 약자를 위해 봉사하는 변호사가 소수에 불과하다. 전직 대법원장과 대법원 판사들이 줄지어 대형 법무법인에 취직하여 강자의 이익을 변호하는데 앞장서는 모습도 우리를 슬프게 만든다.

우리나라 대법원장도 기억하는 국민들은 별로 없다.

미국민들은 대법원 판사를 매우 존경하며, 대법원 판사 이름을 대부분 기억한다. 대법원 판사가 권력에 영합하지 않고 헌법정신을 지키고 시민들의 권익을 보호하기 때문이다. 우리의 형사재판은 형사소송법에 정해진 대로 지켜지지 않는다.

구속부터 먼저 하고, 구속되면 그 사람이 '유죄'라고 추정한다. 수사단계에서 변호인 입회는 피의자의 중요한 권리이지만, 이 또한 '관행'상 행해지지 않는다. 미국은 피고인이 양복을 입은 채 변호인을 대동하고, 검사와 나란히 판사 앞에 선다.

형 확정전 무죄추정 원칙 때문이다. 우리 형사법도 이렇게 규정하고 있지만, 현실은 검사는 높은 위치에, 피고인은 낮은 위치에서 죄수복을 입고 재판을 받는다. 이런 관행은 폐지되어야 한다. 법조인을 양성하는 제도도 국가가 독점해서 소수의 법률가만 양성했다.

이러한 제도로는 21세기에 국제경쟁력을 갖춘 법률가, 민주적 사고를 지닌 법률가를 양성하기 어렵고, 시민의 다양한 법률수요를 충족시킬 수도 없다.

로스쿨과 같은 민간 교육기관에 법조인 양성을 맡겨야 한다. 사법시험 정원제를 없애고, 변호사시험을 자격시험으로 전환해야 한다. 대법관과 검찰총장 임명을 위한 인사청문회를 도입해야 한다. 21세기 사법의 모습은 국민을 위한 민주사법으로 탄생되어야 한다.

법조인들은 그 동안의 과오를 진실로 참회하고, 국민의 신뢰와 존경을 받는 정의를 수호하는 판사들, 정권이 아닌 국민들의 이익을 위해 봉사하는 검찰, 법률상인이 아닌 고도의 직업윤리를 갖춘 전문직업인으로서 봉사하는 변호사로 거듭나야 한다.

전관예우를 방지하기 위하여 2011년 5월 개정된 변호사법(일명 전관예우금지법)에서 판·검사들이 퇴직 당시 근무하던 법원과 검찰청 사건을 1년간 수임하지 못하게 하였지만, 장관, 총리 등으로 임명되는 후보자를 보면 전관예우로 연간 수십억대 일확천금을 얻은 사람들이 수두룩하다. 병역의무는 온갖 핑계로 면탈한 일부 지도층들이 돈과 권력, 명예를 한꺼번에 거머쥐려는 탐욕이 극에 달하고 있다.

징벌적 배상의
위력

최근 미국 캘리포니아주 지방법원에서는 흡연으로 폐암에 걸린 피해자 가족이 제기한 소송사건에서 보상적 배상 170만 달러와 징벌적 배상 2,000만 달러를 지급하라는 손해배상 평결이 나왔다. 플로리다주 지방법원에서도 50만 플로리다 흡연피해 주민을 대표하여 3명이 제기한 집단소송에서 배심원들은 보상적 배상금 1,270만 달러의 지급을 평결했다.

이 법원은 곧 징벌적 배상을 평결할 예정인데 그 액수가 3,000억 달러 정도로 예측되고 있어 담배회사들의 파산이 시작될 것이라고 한다.

플로리다주 흡연피해자 집단소송 (Engle et al, v. R.J. Reynolds Tobacco Co., et al)에서,
보상적 배상 3,750만 달러, 징벌적 배상 1,450만 달러의 판결을 이끌어낸
Stanley Resenblatt 변호사와 함께

　　미국의 어마어마한 손해배상액 보도를 접하면서 우리의 일반시
민들은 '징벌적 배상'이란 용어가 생소할뿐 아니라 이렇게 엄청난 배
상액이 가능한지 의아해 하는 사람이 많을 것이다. 징벌적 배상은
고의 또는 중대한 실수로 한 행동에 대해 민사적으로 부과되는 벌
금으로써 가해자를 응징하는 한편, 재발방지를 위한 조치로써 가해
지는 배상이다. 따라서 피해자가 입은 순수한 경제적 손해에 대한
배상 또는 정신적 고통에 대하여 인정되는 손해배상과는 다르다.

　　징벌적 배상제도가 없는 우리 나라의 손해배상은 경제적 손실과
정신적 고통에 대한 순수 보상적 손해배상 밖에 없다. 미국의 징벌

적 배상액의 규모는 가해자가 저지른 불법행위의 정도와 고의, 중대한 과실의 심각성, 피해의 심각성을 고려하지만 주로 피고의 재산과 사업체의 크기, 수입정도에 따라 정해진다. 대기업체일수록 징벌적 배상액의 규모는 더욱 커진다.

이는 징벌적 의미를 확보하기 위해 가해자에 대한 응징과 재발 억제효과가 있는 큰 금액이어야 하기 때문이다. 가해자의 고의, 중과실이 심한 경우에는 가해기업이 망할 정도의 큰 배상액 결정도 내리는 경우가 있다. 징벌적 배상은 제조물 책임소송, 언론사 상대 명예훼손 소송, 직장내 성차별과 성희롱소송 등 여러 영역에서 인정되고 있다. 맥도널드 가게에서 종이컵에 담긴 커피를 사서 컵뚜껑을 벗기다가 커피를 쏟아 3도화상을 입은 할머니가 제기한 소송에서 주 법원 배심원들이 보상적 배상 20만 달러와 징벌적 배상 270만 달러를 평결한 것이라든지, 담배소송에서의 징벌적 배상이 모두 제조물 책임에 관련된다.

제조물 책임소송에서 인정되는 징벌적 배상은 대기업체를 두렵게 만든다. 명예훼손 소송에서도 미국 언론이 가장 두려워하는 것은 수백만 달러에 달하는 징벌적 배상액이다. 직장내 성희롱 직원에 대한 감독을 소홀히 하거나 조치가 미흡한 사업주에게도 징벌적 배상이 내려진다. 미국의 징벌적 배상은 강자의 잘못을 응징함으로써 사회정의를 실현하는 데 큰 위력을 발휘하고 있다.

우리의 경우 사람이 죽어도 통상 1억 원 배상이 보통이다. 또 교수에게 당한 성희롱 피해자에게 지급된 위자료는 3년 간의 재판 끝에 고작 1,000만 원이며 명예훼손 피해금액도 통상 1,000만~2,000만 원이 대부분이다. 우리에게 징벌적 배상제도가 없다 해도 현행 위자료 제도를 법원에서 징벌적 의미를 충분히 가미하여 악의의 가해자에게 많은 위자료를 선고하는 것은 가능하다.

그럼에도 불구하고 '관례'라는 이름을 답습하여 위자료를 매우 적게 인정하는 판결이 계속된다면 우리의 피해자는 더욱 억울할 것이며, 가해자는 소송을 당해도 대수롭지 않게 생각할 것이다.

미국의 징벌적 배상을 남의 나라 제도로만 구경할 일이 아니다. 우리도 적극적으로 도입을 검토하거나 최소한 위자료 산정에 그 정신이라도 반영하여야 할 때라고 생각한다. 징벌적 배상은 고의 또는 중과실로 타인에게 해를 끼친 사회적 강자를 법적으로 응징함으로써 그들의 책무를 고양하도록 하는 한편, 사회적 약자의 고통을 덜어주고 이들의 기쁨을 배가하면서 사회정의를 세우는 데 기여할 것이다.

2000년 4월 19일《경향신문》에 기고한 이 칼럼 「징벌적 배상의 위력」은 재발방지를 위한 조치이자 사회정의를 위해 꼭 필요한 법으로, 국내 도입의 필요성에 대해 문제를 제기하였고 추후 '하도급거래 공정화에 관한 법률'이 2011년에 제정되어 징벌적 배상제도가 일부 도입되었다.

정보 프라이버시
존중돼야

　　개인정보를 국가기관 뿐만 아니라 민간업체도 디지털 형태로 수집, 데이터베이스에 저장하여 쉽게 유통하는 시대가 되면서, 개인정보의 남용과 부당유출 등에 따른 피해가 많이 일어나고 있다. ID 도용에 따른 사기, 범죄 대상화, 재산상 손실 및 정신적 고통 등 여러 형태의 피해가 잇따른다.

　　해킹이나 ID 도용 등 제3자에 의한 범죄도 심각하지만, 정보를 보유하는 기관 자신이나 신용정보업체 직원 등의 정보유출에 따른 문제도 크다. 카드회사나 인터넷 사업자 등이 고객의 정보를 제3자에게 무더기로 넘겨주고 거액의 부당이득을 챙기지 않나, 신용정보업자가 법정업무영역을 초과하여 국가기관이 보유한 수십만 건의 개인정보를 부당취득하여 매매한 경우도 있었다.

개인정보유출 등에 따른 피해를 막기 위해 '새로운 프라이버시'(new privacy)로서 탄생한 것이 '정보 프라이버시권'(information privacy)의 개념이다.

전통적으로 프라이버시권이라고 하면 소극적으로 사생활의 내용을 공개당하지 않을 권리를 의미했지만, 디지털시대에 있어서는 자신에 관한 정보를 관리하고 통제할 수 있는 적극적 의미로 확대되었고, 정보화시대에 있어서 중요한 권리가 되었다.

우리의 경우 공공기관이 보유하는 개인정보와 관련해서는 '공공기관의 개인정보 보호에 관한 법률'이, 인터넷서비스업자가 수집보유하는 정보와 관련해서는 '정보통신망이용촉진 등에 관한 법률'이 대표적인 법률이다.

개인정보 보호를 위해서 정보보유 기관이 지켜야 할 국제적으로 공통된 원칙이 있다. 정보수집 시 본인에게 알릴 것, 필요 최소한의 정보만 수집할 것, 본인에게 자신의 정보를 정정 내지 삭제할 권리가 주어질 것, 해당목적에만 사용하는 것을 원칙으로 할 것, 법정사유를 제외하고 본인의 동의없이 제3자에게 정보를 제공해서는 안되는 것 등이다.

이를 위반 시 형사처벌과 민사상 손해배상의 책임을 지도록 하고 있다. 우리의 경우 법적으로는 선진국 수준의 보장책을 마련하고 있지만, 실제 업무관행은 개인정보보호를 위한 법적 의무를 제대로 지키는 업체가 거의 없고, 처벌도 제대로 이루어지지 않는다는 것이 문제다. 법에 개인정보관리책임자를 두도록 되어 있지만 이를 둔 업체도 거의 없고, 동의없이 고객정보를 유출시켜 부당이득을 취한 액수보다도 처벌 시 받는 벌금이 적다.

한편 개인정보 유출에 따른 피해가 심각한 것은 사실이지만, 반대로 정보를 취득할 정당한 권리자의 정보청구권과 알권리도 중요하다는 것을 강조하고 싶다. 채권자가 채무자를 상대로 소송을 하거나 이혼소송을 할 경우에 채무자 및 배우자의 재산, 금융거래 등 정보, 배우자의 사생활 조사를 의뢰인과 변호사의 의뢰에 의해 합법적으로 할 수 있는 제도적 장치가 선진국에는 되어 있다.

우리나라는 OECD 국가들에 모두 있는 사설탐정제도가 없어 사생활 조사를 합법적으로 할 길이 없다. 신용정보업자는 이혼소송의 당사자를 위한 재산조사를 하지 못하고, 금융실명법은 부부간에도 상대방의 금융정보를 알려주지 않는다. 판사가 전화사업자에게 소송당사자의 전화통화 내역을 사실조회하면 "검사에게는 내줄 수 있어도 판사에게는 줄 수 없다"면서 거부하고, 국세청까지도 소송당사자의 부동산 보유실태를 조회하는 판사의 명령에 거부한다.

정작 정보가 제공되어야 할 곳에는 개인정보보호를 강조하면서 판사의 명령도 거부하고, 부부간에까지 정보를 차단하는 것은 여간 잘못된 것이 아니다. 개인정보의 보호, 그에 못지않게 채권자의 정당한 정보공개청구권, 정당한 사생활조사의뢰권 등 권리자의 보장책도 마련되어야 한다. 판사의 명령에 거역할 수 없는 제도적 보장도 시급하다.

2011년 3월 개인정보보호법이 제정되었고, 필자도 대통령직속기구인 개인정보보호위위원회 위원(1기)으로 활동했다. 하지만 개인정보를 보호한다고 하면서 너무 보호위주로 감으로써 정작 국민의 알권리나 언론자유, 재판이나 수사기관 등 공익목적의 정보공개가 상당한 제한을 받고 있어 공익이 오히려 침해되고 있다.

억울함이 많은 나라

얼마 전 미국 캘리포니아주 법원은 개가 사람을 잔인하게 물어뜯은 사건에서 그 개의 소유주로서 현장에 있었던 이웃 부인에게는 2급 살인죄, 현장에 없었던 남편에게도 과실치사죄를 인정했다. 부인은 15년~종신형, 남편은 2~4년형의 선고를 받을 예정이라고 한다. 이 재판 결과에 대해 피해자 가족은 "정의가 실현됐다"고 말했다.

비록 개에 대한 관리를 소홀히 한 경우지만 타인의 생명을 박탈시켰기 때문에 소유주에게 살인죄의 엄한 처벌을 내리는 미국의 경우를 보면서 우리와는 너무 대조적인 것을 느꼈다. 군산시 대명동 윤락가 화재사건 때 여성들을 인신매매로 납치해 쇠창살로 봉쇄한

쪽방에 감금해놓고 윤락을 강요하면서 화대를 갈취해오다가 화재로 5명의 여성을 타죽게 한 인신매매. 그러나 포주 일당이 모조리 1년 만에 풀려났다. 법원이 이런 흉악범들 대다수를 가벼운 형과 집행유예로 조기 석방하는 것을 보면서 피해자 유가족은 "우리나라에는 정의가 없다"고 울부짖었다.

외국에선 흉악범에게 종신형이나 징역 50년, 100년이 선고되는 경우도 종종 있다. 형이 선고되기 전까지는 불구속 상태에서 재판을 하는 경우가 많지만 일단 유죄가 인정되면 처벌이 확실한 나라가 선진국이다. 반면 우리는 범죄자에 대해 너무 관대하다. 인간을 매매하고 감금해 착취한 이런 흉악범죄도 이렇게 가볍게 처벌하는데 다른 경우는 말할 필요도 없다.

우선 가정폭력에서 갈비뼈가 부러지도록 아내를 구타해도 남편을 구속하는 경우는 좀처럼 없고 진단서가 수십 장이어도 벌금형으로 가볍게 용서한다. 흉악범죄에서도 종신형이 있으나 활용도가 낮다. 최장기형은 25년이 고작인데 그나마 10년 이상 선고하는 경우도 드물다. 형사법정은 걸핏하면 피고인의 탄원 독무대로 변하고 법원의 관대한 처분으로 집행유예가 빈번하다.

이런 나라에서 범죄자들이 법을 우습게 아는 것은 당연하다. 범죄를 마음껏 저지르고 문제되면 '전관 예우' 변호사를 선임해 집행유예로 유유히 나오니까 말이다. 실형을 받아봤자 기껏해야 1~2년 정도이니 범죄로 인해 올리는 수익에 비하면 코웃음칠 일이다. 이래 가지고도 사법정의가 살아 있는 나라라고 할 수 있을까?

영미법 국가들은 민사소송에서도 피해자가 입은 재산적 손해와 정신적 고통에 대한 충분한 보상이 되는 배상을 해줄 뿐만 아니라 대단히 질이 나쁜 가해자에게는 엄청난 규모의 징벌적 배상금을 추가 부과한다. 징벌적 배상은 가해자가 고의로 장기간에 걸쳐 잘못을 범하고 행위가 악질적인 경우에 부과되는 배상금인데 잘못에 대한 '응징'과 '불법행위 재발 방지'를 목적으로 하고 있다. 가해자의 재정규모에 따라 타격을 가할 수 있는 금액으로 정하며 순수 배상금의 10배 이상에 달하는 경우가 많다. 기업이 소비자에게 잘못한 경우에는 수십만 달러에서 수백만 달러의 징벌적 배상이 선고된다.

우리나라는 민사사건에서 피해자에게 주는 배상 액수도 너무 낮고 정신적 고통도 너무 값싸게 취급하기 때문에 피해자가 재판에 대해 실망하고 억울하다는 원성이 자자하다. 우조교 성희롱 사건 때 6년 걸린 재판에서 법원이 최종 인정한 위자료는 고작 500만 원이었고 언론의 허위보도로 중소기업이 완전히 망해버린 경우에 법원이 인정한 손해배상액수는 2,000만 원에 불과하다.

이혼 위자료도 몇 십년간 남편에게서 갖은 학대를 당해도 좀처럼 3,000만 원을 넘지 않고 강간·폭력·명예훼손 등으로 피해자가 입은 정신적 고통이 아무리 심각해도 보통 사람의 경우 위자료는

1,000만~2,000만 원대로 떨어진다. 이것은 법원이 사람이 죽은 경우 위자료 최대 기준을 5,000만 원으로 정한 것도 부당할 뿐만 아니라 이에 스스로 묶여 다른 사안에서 위자료를 적게 인정하는 관행도 큰 문제다.

이렇게 배상액이 적기 때문에 잘못을 범한 가해자가 응징되지 않고 도리어 피해자에게 큰소리치는 현상이 나타난다. 기업이 아무리 장기간 소비자를 속이고 잘못해도 소비자 피해구제는 제품교환, 병원비, 위자료 약간으로 끝나므로 기업이 큰 타격을 받지 않는다.

범죄자는 관대하게 처벌하고 피해자에게 주는 배상금이 인색한 나라는 결국 나쁜 사람, 나쁜 기업, 강자를 보호하는 나라가 될 수밖에 없다. 나쁜 짓을 한 자는 웃고 피해자는 억울해 우는 나라에서는 모두가 피해자일 뿐이다. 우리 사법 시스템의 근본적인 개혁이 필요하다.

피고인 방어권
존중돼야

우리나라와 미국의 형사재판 과정은 수사에서
재판, 형 선고에 이르기까지 크게 대조를 이룬다. 우리는 언론의 초
점이 수사단계에 집중되고 구속되면 유죄가 확정된 것처럼 인식하
며 재판과정은 형 선고절차만 남은 통과의례로 여기는 경향이 있다.

피고인에게 보석이 잘 허용되지 않아 구속 재판이 원칙이고, 법정
에서 피고인은 죄수복을 입고 법대 하단에 서며, 검사와 변호사는
피고인보다 더 높은 자리에 앉는다. 재판과정에서 검사와 변호사의
논리공방이나 변호사의 유창한 변론은 드물고 읍소형 변론이 주를
이룬다. 재판은 주로 서류에 의해 판단되고, 변호사의 실력도 법정

사법정의를 위하여

에서의 변론실력보다 법정 밖의 실력(?)에 의해 피고인을 빨리 풀어
내는 것으로 평가된다.

　미국은 우리와 정반대이다. 형사사건의 주 무대는 법정이며 언론
의 관심은 재판과정이다. 보석은 널리 허용되고 불구속 재판이 원칙
이며 재판이 끝날 때까지 무죄추정이 보장된다. 법정에서 피고인은
정장차림으로 변호사와 함께 검사와 같은 위치에서 재판을 받는다.
재판에서 검사와 변호사의 논리공방과 증거싸움이 벌어지고 수많
은 전문가와 증인의 증언이 이뤄져서 재판에 참석한 배심원에 의해
유·무죄 판단이 이뤄진다. 변호사 실력은 법정에서 보여지는 투명한
과정에 의해 평가된다. 전처와 그녀의 애인을 살해한 혐의로 살인죄
로 기소된 O.J. 심슨은 체포돼 3개월간 구속됐지만 보석으로 석방
돼 불구속상태로 1995년 9개월 간에 걸친 재판결과 무죄평결을 받
았다. 검사와 변호사 양측이 피고인의 유·무죄를 입증하기 위해 법
정에서 벌이는 지략대결과 불꽃튀는 논리공방, 증거싸움은 언론이
양측 모두에 '드림팀'이라고 찬사를 던질 정도였다. 미국에서 불구
속 재판을 원칙으로 하는 이유는 보석권이 헌법상 권리로 보장돼 있
고(수정헌법 제8조), 형 확정 전에 구속하는 것은 피고인의 방어권
을 침해하고 무죄추정의 원칙을 훼손하며, 부당하게 피고인의 자유
권을 박탈하는 것으로 보기 때문이다.

　불구속 상태에서 정장차림으로 재판받는 것은 재판과정에서 미

리 범인이라는 편견을 갖지 않도록 하고 나중에 무죄로 종결되거나 형 집행이 유예되는 경우 사회에 복귀할 때 이미지를 덜 훼손할 수 있어 방어권과 인격권 보장 측면에서 중요하게 여겨진다.

심슨은 30회 이상 열린 재판에서 세련된 정장차림으로 나타나 이미지를 유지하는 데 도움이 됐다. 1997년 매사추세츠주에서 영국에서 온 여학생 루이스 우드워드가 8개월 된 아이를 돌보다가 사망케 하여 살인죄로 기소된 사건에서도 우드워드는 보석으로 석방돼 불구속 상태에서 재판을 받았다. 순수한 여학생 차림으로 나타나 나중에 과실치사로 감형돼 영국으로 돌아갔는데 이미지 보전에 도움이 되었다 한다.

미국은 재판과정에서 피고인의 방어권을 확실히 보장하지만 일단 재판결과 유죄가 인정되면 무거운 실형을 내리고 집행도 확실하게 한다. 우리의 경우에는 형을 선고할 때는 어처구니없게 낮은 형을 선고하고 집행유예가 빈번해 솜방망이에 불과한 경우가 많은 것과 대조적이다.

미국에서 죄수복을 입혀 구속상태로 재판하는 경우는 사회에 대단히 위험한 범죄인에 한하고 있다. 17년 동안 폭탄을 소포로 보내 전국을 공포의 도가니로 몰아 넣었던 시어도어 카진스키 사건, 1995년 오클라호마 시 연방청사 폭파범 티모시 맥베이 사건에서는 구속상태로 수의를 입고 재판을 받았다. 전자는 종신형이 선고됐고

후자는 사형이 집행됐다.

　미국의 형사사법제도에도 결점이 있지만 무죄추정의 원칙, 철저한 공판중심주의, 당사자 대등주의, 피고인의 방어권이 잘 보장되는 면에서는 가장 민주적이다. 우리의 경우 지금과 같은 제도로서는 너무 후진적이기 때문에 형사사법 시스템의 개선이 시급하다.

우리나라에서 피고인은 재판장의 정면 앞 하단에 위치하고, 변호사와 검사의 위치는 피고인 보다 높은 자리에서 마주보도록 하고 있다. 변호사는 피고인과 멀리 떨어져 피고인 보다 높은 위치에 앉아 변호하였다. 1992년 김보은, 김진관 사건 변론때도 법정이 그러한 구조였지만 나를 비롯한 공동변호인들은 변호인석을 포기하고 피고인석에 내려가 나란히 앉아 변호했다. 2007년도 형사소송법의 개정으로 검사의 좌석과 피고인 및 변호인의 좌석은 대등하도록 규정되면서, 비로서 변호사가 피고인과 나란히 앉아 변호를 하도록 법정구조가 바뀌었다. 하지만 그런 제도가 없던 시절에도 마음과 의식이 나로 하여금 피고인과 나란히 앉아 변호하도록 이끌었다.

사법(司法)결함,
이대론 안된다

　　사법제도의 핵심은 진실을 파악하여 양 당사자 간에 '더함도 덜함도 없는' 정의로운 결론을 이끌어 내는데 있다. 그런데 사법과정에 거짓말과 조작된 증거가 난무하고, 진실규명을 위한 판사의 명령이 무시되어도 처벌되지 않는다면 어떻게 되겠는가?

　　검찰의 결정과 법원의 판결이 잘못될 가능성이 높아져 억울한 국민들이 양산되고 사법권위가 훼손되며 정의가 무너지게 될 것이다.

　　따라서 수사나 재판과정에서 거짓말을 막기 위한 제도적 장치가 대단히 중요하다. 우리 사법제도는 허위진술 보고, 증거조작, 참고인과 증인회유 및 출석방해 등을 막는 장치가 매우 미흡하다. 수사단계에서 참고인의 허위진술과 교사행위, 수사나 재판과정에서 범죄자 자신의 형사사건에 사용될 증거은닉, 증거조작도 처벌하지 못한다. 위증죄가 '선서한 증인'에게만 적용되어 수사단계에서 참고인의 허위진술과 교사행위를 처벌하지 못하고, 증거인멸죄가 '타인의 형사사건 또는 징계사건에서의 증거인멸'만 처벌하고 자신의 형사사건 등에서의 증거조작 행위는 처벌하지 못하기 때문이다. 또한 증거인멸죄는 형사사건 등에만 적용되기 때문에 민사소송에서의 증거 인멸, 조작, 허위 확인서 제출을 처벌하지 못한다. 심지어 재판에서 증인으로 채택된 사람을 회유하여 증언을 막는 경우도 처벌하지 못한다. 형사 피고인은 자기에게 불리한 진술을 강요당하지 않을 헌법상 권리가 있기 때문에 허위진술에 대해 처벌하지 못하지만, 민사사건에서 당사자의 허위진술은 진실 규명을 저해하기 때문에 허용되어서는 안된다. 민사소송법상 당사자가 선서하고 허위진술을 한 경우에만 고작 50만 원 이하의 과태료 제재뿐이어서 민사소송은 당사자의 허위진술 경연장이 된 지 오래다. 법원이 공공기관이나 단체, 개인 등에 보내는 사실조사촉탁이나 감정촉탁의 경우에도 허위보고의 문제가 매우 심각하다. 실제로 당사자와 이해관계가 있거나 부정한 청탁에 영향을 받아 허위보고를 하는 경우가 종종 있는데도 이에 대한 처벌규정이 없다. 사법 권위를 훼손하는 또 하나의 안타까운 현상은 재판과정에서의 판사의 명령 불이행을 방치하는 현상이다. 정보공개 청구사건에서 문서목록 제출 명령, 금융거래나 통화정보 등에 대한 법원의 제출명령을 해당 기관이 무시하거나 정보를 누락하여 보내는 경우도 제재방법이 없다. 이는 우리의 법정모욕죄가 법정 및 부근에서 모욕하거나 소동한 행위만 처벌하기 때문이다. 미국은 사법의 기능과 권위를 보장하기 위하여 '사법방해죄'(obstruction of justice)와 '법원모욕죄'(contempt of court)제도를 두고 있다. 사법방해죄는 법집행과 국가기능을 방해하고 지연하기 위한 일체의 형태를 포함하는데, 앞에서 든 각종 사안은 미국에서는 사법방해죄로 처벌된다. 판사의 명령을 불이행하거나 무시하는 경우에는 법원모욕죄로 구속도 한다. 클린턴 전 미국 대통령은 폴라 존스 성희롱 사건과 관련, 대배심 앞에서 선서 후 허위진술을 한 것으로 사법방해죄로 기소되었고, 탄핵소추까지 되었다. 또한 성희롱 관련 민사재판에서의 허위진술을 이유로 법원모욕죄로 처벌받았고 변호사 자격까지 정지되었다. 우리의 사법제도는 제도적 장치보다는 법과 판·검사의 권위가 진실을 이끌어 낼 수 있다고 기대하거나 허위진술이나 조작된 증거가 제출되어도 판·검사들이 이를 가릴 수 있다는 믿음에 더 비중을 둔 것으로 보인다. 그러나 나쁜 사람은 더욱 교활해졌고, 법의 권위에 복종하여 진실을 말하리라고 기대할 수 없으며, 업무부담이 과중한 판·검사들이 충분한 심리를 통해 지혜롭게 거짓을 가려내는 것도 무리다. 더구나 요즈음은 자기 판결에 번민

하면서 종교인의 길을 선택한 효봉 스님처럼 진실로 고뇌하는 법조인의 모습을 보기도 힘들다. 사법피해로 고통받는 억울한 사람들이 인터넷 사이트를 개설하는 사례가 나타나고, 판·검사의 오판에 대한 배상책임까지 거론되고 있다. 사법제도가 사람에 의존하는 한, 사법피해는 늘어날 수 밖에 없고, 그 피해는 결국 국민 모두에게 돌아간다. 사법방해죄와 법원모욕죄의 도입 등 사법제도의 근본적인 개혁이 필요하다.

사법제도의 핵심은
진실을 파악하여 양 당사자 간에
'더함도 덜함도 없는'
정의로운 결론을 이끌어 내는 데 있다.

헌법을 지키지 않은
대통령들

———

　나흘 뒤면 우리나라에 21세기 첫 대통령이 탄생한다. 새로운 세기에 나라를 이끌 대통령에 대한 국민들의 기대가 그 어느 때보다 간절하다. 후보들은 저마다 집권하면 재임기간에 모든 것을 이룰 수 있는 것처럼 공약 경쟁에 정신이 없지만, 정말 중요한 것은 국민들이 염원하는 대통령의 모습이 어떤 것인지 깨닫고 실천하는 것이라고 본다.

　우리 국민들은 역대 대통령들한테서 받은 상처가 크다. 다른 나라는 건국의 아버지로 자랑스럽게 여기는 초대 대통령이 있고, 대통령과 국무총리가 국가를 위해 훌륭한 지도력을 펼쳐 온 국민의 존경을 받고, 퇴임 후에는 시민으로 평생 봉사의 삶을 사는 경우도 많다. 우리나라 대통령은 한결같이 제왕적이고 권위주의적 태도로 통치를 했고, 취임 시 헌법을 준수하겠다고 서약한 후 집권 연장의 수단으로 헌법을 뜯어고치고, 집권 후에는 헌법을 무시하기 일쑤였다. 입법부와 국민도 무시하며, 국회에서 시정연설도 하지 않고, 사면권을 남용하여 사법부를 무력화하기도 했다.

국무회의는 주요 국정에 대한 토론보다는 대통령 지시사항을 일방적으로 하달하는 곳으로 만들고, 청와대 비서실이 각 부처 장관 위에 군림하는 것을 방치하며, 장관을 국면전환용으로 수시로 바꾸는 횡포를 저질렀다. 국가 사정기관을 사유화하거나 측근에 둘러싸여 민의를 파악하지 못한 경우도 많았다. 대통령 가족과 측근이 저지른 부패와 비리는 군사정권이나 민선정권이나 다를 바 없다.

우리 국민은 제왕적 대통령의 행태에 환멸을 느끼고 있으며, 이러한 잘못된 관행이 21세기에는 반드시 사라지길 소원한다. 그래서 새 대통령이 종전과 전혀 다른 '참된 지도자'이기를 갈구하는 것이다. 국민들이 염원하는 제대로 된 대통령의 모습은 어떤 것일까?

첫째, 정직하고 도덕적이며 겸손하고, 진실로 국가와 민족을 위해 일할 지혜와 용기가 있으며, 국민의 심부름꾼임을 인식하고, 이념과 노선이 다른 상대도 포용할 수 있는 넓은 마음을 가진 사람이다. 둘째, 민주주의의 핵심이고 최고 통치 규범인 헌법을 반드시 준수하며, 행정부·입법부·사법부의 권한과 국민의 인권을 존중하는 사람이다. 셋째, 국정 난맥과 온갖 친·인척 부패와 비리의 온상인 제왕적 대통령의 행태를 단호하게 청산하는 사람일 것이다. 새 대통령은 이러한 국민의 여망에 부합되는 사람이 되었으면 한다. 대통령 후보들은 권력욕·명예욕·재물욕에서 정말로 벗어날 수 있는지, 순수하게 나라와 민족을 위해 봉사하는 심부름꾼이 되고자 하는 것인지, 국민의 여망을 배신하지 않을 자신이 있는지를 확실하게 보여주어야 할 것이다. 또한 임기가 5년이라는 것도 명심하고, 재임기간에 모든 것을 다 이루겠다는 욕심과 집착을 버리길 바란다. 탐욕스러운 마음을 다스릴 줄 모르는 사람이 권력을 잡으면 부패하기 쉽고, 그 부패는 모든 국민들의 부패를 조장하기 때문이다. 진정 국가와 민족을 위해 대통령이 되고자 한다면 재임 5년 동안 할 수 있는 일에 최선을 다하고, 장기간에 걸쳐 해야 할 일은 차기, 차차기 정부에 계속 이어지도록 기초를 잘 다지는 한 알의 밀알과 같은 마음으로 해야 할 것이다. 대통령 한 사람이 5년의 권력에 눈멀어 실정하게 되면 본인과 자손은 물론 국민 전체에도 큰 누가 된다는 것을 명심해야 한다. 새 대통령은 우리 국민들이 역대 대통령한테서 받은 상처를 치유하고, 대한민국 국민으로 태어난 긍지를 가지게 하며, 나라와 민족에 대한 사랑을 꽃피워서 동포애와 인류애로 드넓게 가슴이 열리도록 기여해 주었으면 한다.

집단소송제
왜 필요한가

지난 12월 말 미국의 실리콘 판결에서 소송에 참가한 피해자 뿐만 아니라 참가하지 않은 전 세계의 모든 피해자에게 배상금을 인정하는 것을 보고 집단소송제도가 소비자를 보호하는 강력한 조치임을 새삼 실감하게 되었다.

미국에서는 제조물 및 의약품, 독점 및 증권거래, 환경 및 성차별 등 다방면에서 집단소송이 인정되고 있다. 잘못을 저지른 기업은 응징되어야 한다는 데 사회적 합의가 확고하고, 이 제도가 다수의 힘 없는 피해자 및 환경 보호, 기업의 위법행위 저지 및 기업윤리 확립장치로서 기능하며 사회정의와 공익실현 제도로 자리잡고 있다.

우리나라에는 집단소송제도는 없고 공동소송제도가 있을 뿐이다. 집단소송은 소송에 참가하지 않은 수많은 피해자도 판결의 효력을 받을 수 있지만, 공동소송은 소송의 원고로 참가한 사람만이 판결의 효력을 받는다. 우리나라에서 소위 집단소송이라고 하는 사건들, 김포공항 소음피해 주민들의 소송, 낙동강유역 페놀 배출로 인한 피해 주민들의 소송, 망원동 수재민들의 피해 소송, 금융기관의 이자 부당 인상으로 인한 피해고객들의 소송, 흡연피해자들의 담배회사 소송 등은 모두 공동소송이다. 이 경우 승소해도 소송 참가 원고들만 배상을 받고, 다른 피해자들은 소송을 따로 제기해야 한다. 그만큼 사회적 비용이 커진다.

현대 산업사회에서는 제조물 결함으로 인한 소비자와 환경피해 등 기업의 불법행위에 따른 피해가 집단적으로 대량 발생하게 되는데, 전통적인 개인소송이나 공동소송의 방법으로는 소송 참여자만이 혜택을 받으므로 다수의 피해자 구제가 불가능하다. 잘못을 한 기업은 응징이 되지 않으면 불법행위 중지나 예방노력을 별로 하지 않는다. 이 때문에 우리나라에도 집단소송제가 도입되어야 한다는 주장이 오래 전부터 있어왔고, 1990년부터 도입 노력을 했지만 입법되지 않았다. 그러던 중 1997년 말 IMF(국제통화기금) 외환위기 발생시 차관 제공조건으로 증권분야 집단소송 도입을 권유받게 되자 증권분야 집단소송제 도입 법안이 1998년부터 마련되기 시작했고, 법무부는 2001년 11월 '증권관련집단소송법안'을 2002년 4월 시행을 목표로 국회에 제출하였다. 그러나 재계가 기업의 대외신뢰도 추락으로 해를 입으면 결국 주주가 피해를 본다는 등의 이유로 강력히 반발하고 있어 국회는 아직 그 법안을 통과시키지 않고 있다.

이 법안에서 집단소송의 적용 범위는 부실감사, 분식회계, 허위공시, 주가조작, 내부자 거래 등 각종 불법행위로 피해를 입은 경우로 한정하고 있다. 이 중 분식회계, 허위공시 등의 경우는 자산 2조원 이상의 상장법인과 코스닥 법인에 한하고 있어 해당 기업의 수는 상장사의 11%, 코스닥 등록기업의 1%에 불과하다. 기업이 투명하고 정직한 경영을 한다면 집단소송을 당할 위험도 없고 두려워 할 이유도 없다.

제조물책임법도 기업의 반대로 수십년간 미루어져 오다가 2002년 7월부터 간신히 시행에 들어갔다. 그나마 소비자피해에 대한 집단소송제가 없으므로 제조물책임법의 시행 후에도 기업에 미치는 영향은 별로 없다. 손해배상도 징벌적 배상제도가 없어 기업이 아무리 잘못해도 배상금 수준은 형편없다.

우리나라는 지금까지 소비자 권리는 홀대하고, 기업은 사회적 책임을 가볍게 하여 두텁게 보호해 왔다. 우리 기업은 언제까지 국민의 권리를 억제하고 잘못을 면책받으려고 하는가? 기업들이 불법행위로 많은 국민들에게 막심한 해를 입혔으면서도 그 불법행위에 대한 집단제소를 막는 것은 비윤리적이며 당당하지 못하다.

정부는 당초 집단소송제의 입법에 착수할 때의 초심으로 돌아가고, 국회는 국익과 국민을 위하여 당파를 초월하여 협조하며, 기업은 국민들의 마음을 잃지 않도록 "버리면 오히려 더 크게 얻는다"는 각오로 결단을 내리는 등 모두가 한마음으로 우선 제출된 집단소송법만이라도 통과시켜야 한다.

특히 정치권은 국민들의 권리보호 직분에 충실하여 존경의 대상이 되고, 재계는 고객의 신뢰를 바탕으로 도덕경영을 지향하는 것이 막스 베버가 말하는 자본주의 정신에도 부합되고 결국 이윤을 증대할 수 있는 '정도(正道)'라는 것을 깨닫고 진정 인간을 존중하고 사회적 책임을 다하는 기업으로 거듭나길 바란다.

이후 우리나라에도 소비자 보호를 위한 강력한 수단인 '증권관련집단소송법'이 2004년 1월에 제정되었다. 앞으로 불법행위, 제조물 책임, 인권침해 등 광범위한 영역에 집단소송제가 확대되어야 한다.

검찰 인사위(人事委)부터
구성하라

———

　　　　　이번 검찰인사 방식에 대한 검사들의 집단반발에 대해 검사들의 항명이니 집단이기주의에 의한 개혁 거부로 몰아세우는 인식은 문제의 본질을 간과한 것이다. 반발의 핵심은 이번 인사가 공개적이고 투명한 검증 절차와 객관적 인사 기준이 없고, 검찰 의사를 반영하지 않은 일방적인 통고형식인 데다, 발탁되지 않은 자의 퇴진 여부까지 묻도록 한 데 있다. 외형은 기수 파괴에 따른 발탁이며 검찰개혁이라지만, 실질은 검찰 간부를 정권에 충성할 사람으로 교체해 검찰을 장악하고 정권의 도구로 이용하려 한다고 검사들은 주장하고 있다.

사실, 검찰은 지금까지 정의 실현과 공익의 대변자 역할에 미흡했고 국민들의 신뢰를 잃어버린 지 오래다. 검찰 개혁은 시대적 당위이며 절체절명의 과제가 되었다.

검찰 개혁에서 가장 큰 문제는 정치검찰의 문제다. 이에 대해 주로 검찰을 비난하고 있지만, 역대정권이 인사권을 통해 검찰을 권력의 하수인으로 예속시킨 것에 더 근본적인 책임이 있다. 이 때문에 검찰의 중립성과 독립성을 보장하는 장치로서 법무부장관을 통한 대통령의 검찰 인사 장악 배제, 검찰 인사위원회를 통한 검찰 인사의 독립이 가장 확실한 방안이었다.

성역없는 수사를 하는 일본 검찰의 독립 보장은 인사 독립에서 나온다고 한다.

그동안 역대 정권은 이러한 검찰 독립 보장 방안을 내걸었지만, 실제는 실천하지 않았고 인사권을 통해 검찰을 정권의 검찰로 예속시켜 왔다. 김대중 전 대통령도 취임하면서 검찰위원회를 통한 검사 인사를 골자로 한 검찰 독립을 대선 공약으로 내걸었지만, 제대로 실천하지 않았다.

노무현 대통령도 검찰 독립의 방안으로 현행 검찰청법에서 자문 기구로 되어 있는 검찰 인사위원회를 심의기구로 격상하고, 검찰 인사위원회를 통해 인사의 투명성·공정성·객관성을 보장하겠다고 공약했다. 강금실 법무부장관도 2년 전에는 검찰개혁의 방안으로

"검사에 대한 인사권은 검찰 인사위원회의 심의 의결을 거쳐 검찰총장이 임명하도록 해야 한다."고 주장한 바 있다.

그러나 어제 오후 평검사들과의 대화에서 노 대통령과 강 법무장관은 이번 검찰 수뇌부 인사안을 마련할 때 기존 관행인 검찰총장과 구체적 협의를 하지 않고 검찰 인사위원회를 통하지 않은 것은 검찰수뇌부 대부분을 믿지 못하기 때문이라고 했다. 이는 절차적 과정을 중시하는 법치주의와는 거리가 있으며, 독단적이고 주관적인 인사권 행사로 비추어진다. 이번 검찰 인사안이 나왔을 때 검찰에서 인사의 투명성·객관성·공정성이 미약하며 검찰의 독립성과 자율성을 보장하지 못한다고 지적하고 반발한 것은 이런 이유 때문이다.

정부가 진정으로 국민을 위한 검찰 개혁을 한다면, 먼저 공약대로 검찰 인사위원회를 구성하고 검찰청의 의견을 충분히 반영한 인사를 해야 한다. 또한 정권에 아부하며 검찰을 권력의 시녀로 전락시킨 정치검찰을 객관적이고 공정한 절차에 의해 가려내어 책임을 묻고, 그동안 묵묵히 직무에 충실해온 능력있는 검사들을 발탁하여야 할 것이다. 무엇보다 검찰청법의 조속한 개정을 통해 근본적인 검찰 인사의 독립을 보장하고 기소독점주의와 검사동일체 원칙의 폐해를 방지하는 제도적 장치도 하루빨리 마련해야 한다.

이번 검찰 인사 파동은 검찰이 기회가 숱하게 있었는데도 자율적인 개혁을 하지 못한 데 대한 당연한 업보라고 생각하는 국민들도 많다. 검찰도 이 점에 대해 뼈저리게 참회하고 국민의 검찰로 환골탈태하고자 하는 강한 의지를 확실히 보여주어야 한다. 정부도 검사집단 전체를 개혁의 대상으로 매도해 대다수 사명감 있고 유능한 검찰의 자존심과 명예를 너무 무시한 것은 문제다.

참된 검찰 개혁을 위해 권력 핵심의 사심없는 의지와 검찰 내부로부터의 자발적인 의지를 한마음으로 모아야 한다. 아울러 검찰을 정권의 검찰이 아닌 '국민의 검찰'로 거듭나게 하기 위해서는 확고한 제도적 장치를 마련하는 한편, 조직구성원을 배척하는 네거티브 방식보다는 개혁의 주체로 포용하는 포지티브 방식으로 개혁을 추진해야 할 것이다.

의뢰인을
보호하라!

———

　　　　　　　　이해관계 충돌에 관한 미국 변호사의 충실 의무
에 대해 동의요건 절차가 복잡하고 원천봉쇄 장치도 많아 미국에서
는 의뢰인에 대한 변호사의 충실 의무를 대단히 강조한다. 대표적인
것이 의뢰인과의 이해관계가 충돌하는 경우에 사건 수임을 금지하
는 윤리규정이다. 이를 'Conflicts of Interest'^(이해관계 충돌)라고 부르
는데 이는 미국 변호사들이 가장 신경을 쓰는 윤리규정 중 하나이
다. 이해관계 충돌에 해당하는 사건을 수임한 것이 밝혀지면 중도
에 탈퇴해야 하며, 상대방 변호사의 신청에 의해서도 법원이 해당 변
호사를 그 사건에서의 대리인 자격을 상실시키게 된다[ABA Model Rules

1.7, 1.16(a)(1)].

이해관계 충돌의 유형은 다양하다. 먼저 '의뢰인들 사이의 현실적이고 실질적인 이해관계 충돌'이 있다. 의뢰인들 사이에 이해관계가 충돌되는 경우 원칙적으로 사건 수임이 금지되고, 예외적으로 의뢰인들의 동의가 있을 때는 허용된다. 다만, 우리나라와 달리 '동의 요건'은 아주 까다롭다. 변호사는 이해관계에 해당하는 모든 관련사실을 충돌 관계에 있는 모든 의뢰인들에게 알려야 하고, 의뢰인들로 하여금 이해관계가 없는 제3의 변호사 자문을 받은 결과 사건을 맡겨도 좋다는 결론이 난 뒤 동의를 했을 때만 허용된다.

같은 로펌에서 일하는 변호사는 '이해관계의 충돌'이라는 측면에서는 '동일체'(single unit)로 취급하기 때문에(ABA Model Rule 1.10(a)), 같은 로펌의 한 변호사에게 이해관계 충돌이 되는 사건은 같은 로펌의 다른 변호사도 그 사건을 맡을 수 없다. 변호사는 원고와 피고 양쪽을 동시에 맡는 것은 절대로 허용되지 않는다. 이 점에서도 같은 로펌의 변호사들은 '동일체'로 취급되므로 양쪽을 같은 로펌에서 맡을 수 없다.

변호사는 또 한 사건에서는 자기 의뢰인을 대리하고, 다른 사건에서는 자기 의뢰인의 반대쪽을 대리해서는 안 된다[ABA Code Dr-5-105(A)]. 법적인 이해관계가 서로 다른 의뢰인을 대리할 경우 어느 한쪽이 불이익을 입게 된다면 반드시 이해당사자 모두의 동의 없이는 사건을 맡아서는 안 된다(ABA Model Rule 1.7).

여기서 문제 하나를 풀어보자. 미국 변호사 K는 B를 상대로 한 민사사건에서 원고 A를 대리했다. 그 과정에서 변호사 K는 잠재적 의뢰인 C가 찾아와 A를 상대로 한 다른 민사사건을 맡아달라는 의뢰를 받았다. 변호사 K는 이 사건을 맡을 수 있을까. 전 의뢰인 A와 잠재적 의뢰인 C에게 모든 사실을 설명하고, 전 의뢰인 A로부터 알게 된 모든 비밀정보를 노출시켜도 좋다는 동의를 받은 경우에만 가능하다.

또 다른 문제 하나. 변호사 S와 T는 로펌 Q의 공동 파트너이다. 변호사 S는 피해자 C를 대리해 회사 D를 상대로 한 제조물책임소송을 맡게 됐다. 그런데 공동파트너 T는 평소에 D회사의 보험회사로부터 제조물 책임소송을 당하는 피보험회사들을 방어하는 사건을 수임해오고 있다. 변호사 S가 맡은 사건에서 변호사 T는 회사 D를 대리할 수 있을까. 이 경우는 같은 로펌의 변호사가 원·피고를 동시에 맡는 것이므로 절대로 허용되지 않는다.

'배짱 채무자'
줄이는 길은

우리는 개인의 사생활 보호를 강조한 나머지 채무자의 재산정보를 두텁게 보호하고, 채무자의 재산정보에 대한 채권자의 정당한 알권리를 위한 제도적 장치는 미흡하다. 채무자가 재산을 빼돌려 놓고 큰소리를 치고 채권자는 판결을 받아도 판결문이 무용지물이 된 경우도 많다.

돈을 빌려주고 받지 못한 사람, 다른 사람의 사기나 불법행위로 피해를 본 사람, 배우자의 유책 사유를 이유로 이혼 및 재산분할 소송을 하려는 측이 채권자이고 그 상대방이 채무자다. 채권자가 소송을 제기하기 전에 먼저 채무자의 재산에 대한 가압류, 가처분 등

보전조치를 해 두는 것이 판결의 실효성을 좌우할 정도로 중요한 조치다. 소송이 제기되면 채무자는 재산을 처분하고 은닉해 버리기 때문이다.

소 제기 전에 채무자의 재산에 대한 보전조치를 해 놓는 것이 중요한데도 아이러니컬하게도 우리 제도는 그 보전조치를 위해 필수적인 채무자의 재산정보를 파악하는 합법적인 길을 막아놓고 있다. 채무자의 재산은 부동산과 예금 등 금융재산, 주권 등 채권재산, 회원권, 타인에 대한 채권 등 기타 재산과 같이 여러 종류로 나뉘어 있다. 가압류 등을 하기 위해서 부동산은 정확한 번지를, 예금 등 금융재산은 거래은행과 지점까지, 주권 등 채권재산은 예탁한 증권회사를, 각종 회원권이나 타인에 대한 채권의 경우에는 제3 채무자의 이름과 주소까지 알아야만 한다.

부동산의 경우 번지를 모르면 채권자는 부동산정보를 보유한 국세청이나 구청 등이 보유한 채무자의 부동산 정보를 제공받을 길이 없다. 금융실명거래 및 비밀보장에 관한 법률에 의해서 채무자의 금융계좌, 증권계좌 등에 대해서는 부부 사이 조차 정보를 제공해 주지 않는다. 채권자가 신용정보회사에 의뢰해 채무자의 재산정보를 파악하는 길이 있지만 정보회사가 일반 채권자에게 제공해 주는 정보는 채무자 소유의 부동산과 자동차 등 일부에 그친다. 공유 부동산 등에 대해서는 누락하는 경우가 많다. 금융재산, 증권 등의 정보는 아예 제공되지 않는다.

재산보전조치 단계에서는 법원도 채무자의 재산조회를 해주지 않는다. 우리의 법제도는 채권자가 스스로 '알아서' '재주껏' 채무자의 재산정보를 파악해 보전신청을 하도록 하고 있는 것이다. 결국 채무자의 재산정보를 파악하기 위해 채권자는 불법, 편법, 연줄 등 각종 수단을 통해 알아내면 보전신청을 할 수 있고, 정보를 알아내지 못하면 보전신청조차 할 수 없는 현실이다. 법치주의 국가에서 채무자의 재산정보 파악 방법과 보전조치 방법을 불법과 편법, 연줄에 의존하도록 방치하는 사법 현실은 어처구니가 없다.

미국에서는 'Discovery'로 불리는 재판 전 증거개시제도가 채무자의 재산을 파악하는 데 강력한 위력을 발휘한다. 채무자는 자신의 재산목록을 빠짐없이 채권자측에 제공해야 하며 만약 이를 은닉하거나 숨긴 경우는 법원모욕죄로 처벌을 받게 되고, 법원은 속인 채무자에게 가혹하리 만큼 응징을 한다. 미국은 사설탐정제도가 합법화되어 있어 채무자의 재산상태와 사생활까지 합법적으로 조사할 수 있다. 우리는 사설탐정제도가 허용되지 않고 있다.

우리는 소송이 제기된 뒤에도 법원을 통해 채무자의 재산조회를 하는 길이 매우 제한되어 있다. 채무자에게 일괄 재산 목록을 제출케 하는 제도도 없다. 법원은 채권자가 일일이 채무자의 거래 금융기관 해당 지점까지 알아서 특정해 신청하는 경우에만 재산조회를 해주고 있다. 이 때문에 채무자의 재산정보를 구체적으로 모르는 채권자는 재산조회 신청조차 하지 못한다. 우리의 경우 채무자에게 재산목록을 제출하도록 명령하는 단계는 판결이 확정된 후이다. 이미 재산을 처분하고 은닉한 뒤다. 그때는 이미 늦다. 우리 제도는 악덕 채무자에게 유리하게 되어 있다.

불법과 편법, 연고주의가 넘치는 이 사회에서 법원의 재산보전조치 방법마저 이런 식으로 되는 것은 심각한 문제다. 사회정의를 실현하기 위해 채무자의 사생활 보호 못지않게 채권자 보호도 중요하다. 채무자의 재산정보에 대한 채권자의 정당한 알권리를 보장하기 위한 제도적 장치 마련이 시급하다.

소수의견

―

　　지금까지 대법원 판결문과 헌법재판소 결정서에는 '주문' 결정을 도출한 다수 의견의 수, 소수 의견을 개진한 재판관의 이름, 소수 의견의 요지를 명시해 왔다. 전원일치 판결이면 "재판관 전원의 일치된 의견으로 주문과 같이 판결한다"고 밝힌다.

　다수 의견에 의한 결정일 때는 "재판관○○○, 재판관○○○의 반대 의견이 있는 외에는 나머지 재판관 전원의 의견일치에 따른 것"이라고 밝히고, 반대 의견을 개진한 재판관의 의견을 싣는다.

　헌법재판소는 대통령 탄핵사건에 대해 기각 결정을 하면서 "주문과 같이 결정한다"고 했을 뿐 소수 의견을 개진한 재판관과 그 요지를 밝히지 않았다. 이례적으로 소수 의견을 밝힐 수 없는 이유를 결정문 말미에서 설명했다. 헌법재판소법 제34조 1항에 평의를 공개하지 않도록 한 것은 재판관의 개별 의견과 의견의 수도 공개하지 말라는 뜻이며, 예외를 인정하려면 특별규정이 있어야 하는데 헌법재판소법 제36조 3항에 법률의 위헌심판, 권한쟁의 심판, 헌법소원 심판에 대해 예외를 인정하는 특별규정이 있고 탄핵심판에 대해선 예외 규정이 없다는 것이다.

과연 이 논리가 정당할까? 주심 재판관은 "죽을 때까지 말할 수 없다"고 했다. 헌법 해석의 최고기관이 헌법재판소법을 좁게 해석하고, 주심 재판관이 죽을 때까지 밝히지 못한다고 할 정도라면 이는 정상이 아니다. 국민의 이름으로 명령하는 전제권력만큼 무서운 권력도 없다고 했는데, 지금 우리 사회는 비판을 반대로 낙인찍고 위협하는 무서운 군중들이 헌법재판관의 입을 막았을 수도 있다.

최고사법기관의 결정은 소수 의견을 명기하는 것이 세계 각국의 공통된 원칙이다. 지나보면 소수 의견이 더 옳았음이 증명된 역사도 있고, 소수 의견을 낸 법관이 '위대한 반대자'로 추앙받기도 한다. 우리 조상에게는 목숨을 걸고 왕에게 직언하는 선비정신이 있었다. 헌법재판관이라면 그 정도 용기와 신조는 있어야 한다. 서슬퍼런 군사독재하에서 대법관들도 보복을 감수하고 소수의견을 내지 않았는가? 우리 사회가 소수의견을 포용하지 못할 정도로 살벌해진 탓인지, 헌법재판관 등 지도자들의 기개가 없어진 탓인지 알 수 없다.

나이차별 논쟁

세계는 지금 나이차별을 금지하는 추세로 나가고 있으며 유럽연합에서도 2000년 나이차별 금지 지침을 마련해 회원국들의 입법을 촉구하고 있다. '나이차별'을 금지하는 법률을 가장 일찍 제정한 나라는 미국이다. 미국은 1967년에 나이차별금지법을 제정해 나이를 이유로 채용을 거부 또는 해고하거나 근로조건, 복지혜택 등의 차별을 금지하고 있다. 이 법에 의한 적용 대상은 '40세 이상의 근로자'이다. 지금까지 나이차별 소송의 형태는 나이든 사람들이 젊은 사람들에 비해 차별을 당했다고 주장하는 경우였다.

그러나 최근에는 '나이든 사람을 젊은 사람에 비해 우대하는 역차별 문제'가 논쟁이 되고 있다. 지난달 미국 연방대법원은 나이 역차별에 대해 최초의 판결을 선고했다. 어떤 회사가 퇴사 때 50세 이상의 근로자에게만 종신건강보험 혜택을 주기로 노동조합과 합의했는데, 결과적으로 40대 근로자 수백 명이 혜택에서 제외돼 나이 역차별을 당했다며 소송을 제기한 사건이었다. 이 사건을 둘러싸고 1심에서는 나이차별이 아니라고 했지만, 항소심에서는 나이차별이라고 했고, 연방대법원은 나이차별이 아니라고 최종 판결했다. 그 이유는 나이차별금지법에서 규정한 나이차별이란 나이가 많다는 이유로 불이익을 가하는 것을 금지하는 것일 뿐 우대하는 것은 해당하지 않으므로 같은 법의 보호 대상인 40세 이상의 근로자 중에서 나이가 더 많은 근로자를 우대한 것은 침해가 아니라는 것이다.

우리나라에서 나이차별을 평등권 침해의 차별행위로 최초로 규정한 것은 2001년에 제정된 국가인권위원회법이다. 나이 등을 이유로 취업 근로조건 등에 있어서 불리하게 차별받은 경우 국가인권위원회에 진정할 수 있고 소송할 수 있는 근거가 된다. 우리나라는 나이차별 현상이 복합적으로 발생하고 있는데 20, 30대 젊은층이 취업연령 제한으로 취업기회를 박탈당하는 나이차별 문제와 40대 이후 근로자들이 직장에서 나이가 많다는 이유로 불이익을 당하고 우선해고의 대상이 되는 문제가 동시에 발생하고 있다. 나이차별 현상이 이렇듯 심한데도 외국처럼 평등권 침해 등을 이유로 소송과 같은 권리구제 조치가 드문 것도 이례적이다.

전관예우
반드시 없애야

지난해 10월 출범한 대법원 산하 사법개혁위원회(사개위)는 법조계의 근본 틀을 바꾸는 개혁 작업을 추진 중에 있으며 그 결과가 곧 나올 예정이다. 사개위에서 다루고 있는 주요 의제는 대법원 기능과 구성, 법조 일원화와 법관 임용 방식, 법조인 양성 및 선발, 국민의 사법 참여, 사법 서비스와 형사사법 제도 등이다.

폭주하는 상고사건을 해결하고 상고심의 변론주의 강화를 위해 대법관 수를 증원하거나 고등법원에 상고부를 두는 방안, 법관 관료제의 문제점을 해결하기 위해 변호사 등 경력자 중에서 법관을 임용하는 방안, 사법시험제도의 문제점을 해결하는 방안으로 로스쿨 도입, 사법절차에의 국민 참여 보장 방안으로 참심제 또는 배심제 도입, 형사사법의 제도 개선책으로서 보석제도 활성화, 변호인의 조력을 받을 권리의 강화, 공판중심주의 강화 등 여러 가지 방안이 논의되고 있다.

이 모든 주제는 법조계의 근본적인 문제를 시정하고 국민의 사법 불신을 해소해 선진적인 사법제도를 구축하기 위한 것이지만 사법 개혁에서 중점으로 삼아야 할 문제는 전관예우의 폐해를 근본적으로 차단하는 제도적 방안이라고 본다. 사법 불신을 초래한 우리 법조계의 가장 큰 문제 중 하나가 전관예우이기 때문이다. 전관예우라는 단어는 세계에 유례가 없는 것으로 이는 판검사가 퇴임해 변호사가 되는 구조로 인해 우리 사회의 정실, 연고주의, 접대문화가 결합돼 형성된 것으로 보인다.

판검사들이 중도에 퇴직한 후 변호사로 개업하는 나라, 대법원장과 대법관도 퇴직 후 개업하거나 로펌으로 가는 나라는 세계에서 드물다. 이 때문에 우리는 전관예우라는 해괴한 풍토가 형성됐고 수십년 간 계속됐다. 법조계에서 공공연히 사용되는 이상한 단어가 또 있는데 '소정외 변론'이라는 말이다. 이것은 담당 판검사를 사적으로 접촉해 유리한 말을 일방적으로 하여 사건을 편법으로 이기려고 하는 수법이다.

'전관예우' '소정외 변론' 같은 관행은 모두 사법의 생명인 공정성, 투명성을 무너뜨리고 사법정의를 파괴한다. 이러한 관행들이 형성된 것은 판검사 출신 변호사들 중에 사건 유치를 위해 '전관예우'를 받는 변호사 임을 자랑하고 고액의 수임료를 받기 위해 법원과 검찰에 자신의 전직을 이용한 영향력을 과시하고 판검사와의 사적 접촉을 통해 사건의 유리한 해결을 시도하며 또한 현직 판검사들이 이를 수용했기 때문이다.

　법조인들의 이런 나쁜 행태는 결국 우리 국민의 가치관과 사고 방식마저 그릇된 방향으로 변질시켜 왔다. 이 때문에 충실한 재판 준비와 변론, 논리 정연한 서면 작성 등과 같은 변호사의 실력보다는 학연·지연·동기·동료 등 온갖 연줄을 동원하는 로비를 통해 사건을 유리하게 이끌어낼 수 있는 능력을 중요시하는 경우가 많아지게 된 것이다. 이런 의뢰인일수록 고위직 법관, 검찰 출신 변호사를 찾고 정상적인 수임료 이외에 판검사에 대한 접대비 명목의 로비 자금을 아낌없이 퍼붓는다.

　우리나라는 법무부 장관을 역임한 사람조차 선임계도 내지 않고 거액의 수임료를 받고 전화 변론을 하는 나라이며 최근까지도 법원장과 담당 부장판사가 계류 중인 사건 당사자가 제공하는 골프 접대를 받는 나라다. 지금도 검찰 출신 변호사들이 검찰에 선임계를 내지 않고 검사실을 드나들며 '말'로 사건을 해결하고, 법관 출신 변호사들이 상대 변호사가 있는 사건에서 일방적으로 판사실을 드나들며 편파적으로 유리한 설명을 하는 것이 가능하다.

사법개혁은 선진국을 향한 국가경영전략에서 필수적이며 더 늦추어서는 안될 과제다. 전관예우의 폐해를 시정하려면 판검사를 하다가 변호사가 되는 판검사 임용 구조를 근본적으로 바꾸고 학연·지연·동료 등 각종 연줄을 이용하는 사적 접촉을 금지하며 강력한 법조윤리를 구축해 이를 위반하는 경우 중징계 및 형사처벌, 파면, 자격박탈을 하는 제도 마련이 필요하다. 무엇보다 이런 부도덕한 행태를 하는 법조인들이 스스로 부끄러움을 느끼고 참회해야 한다.

법관 '비리 관행'
심판대에 올려라

조관행 전 고법 부장판사에 대한 구속은 지금까지 사법부에서 범죄의식 없이 자행돼온 잘못된 '비리 관행'을 형사처벌의 대상으로 삼았다는 데 의미가 크다. 조씨의 항변을 보면, "그동안 법조계에서 관행처럼 굳어진 일일 뿐인데 왜 엄격한 형벌의 잣대를 들이대느냐" "다른 법관들도 흔히 하는 일인데 왜 나만 구속하느냐"는 식이다. 만약 조 전 판사의 주장이 법관들의 보편적인 사고방식이거나 사법부에서 이를 정말 단순한 관행으로 평가한다면, 이는 여간 심각한 문제가 아니다.

법관이 청탁을 받고 다른 법관의 사건에 유리한 부탁을 하는 행위, 그에 대한 대가(답례든 어떤 명분이든)로 금품을 수수하는 행위 등은 심각한 공무원 범죄에 해당하는 것으로, 형사처벌뿐 아니라 중징계의 대상이 된다. 일반 공무원에게 적용되는 법의 잣대가 고도의 청렴성이 요구되는 법관에게 똑같이 적용되지 않는다면, 법치주의는 무너지고 사법부의 정의도 실종되고 말 것이다.

조 전 판사의 행위가 법원에 만연된 관행이라면 법관윤리강령은 무너졌다고 할 수 있다.

법관윤리강령은 '법관은 공평무사하고 청렴하여야 하며, 공정성과 형평을 의심받을 행동을 하지 아니한다' '법관은 타인의 법적 분쟁에 관여하지 아니하며, 다른 법관의 재판에 영향을 미치는 행동을 하지 아니한다' '법관은 재판에 영향을 미치거나 공정을 의심받을 염려가 있는 경우에는 법률적 조언을 하거나 변호사 등 법조인에 대한 정보를 제공하지 아니한다' '법관은 재판의 공정성에 관한 의심을 초래하거나 직무수행에 지장을 줄 염려가 있는 경우에는 금전대차 등 경제적 거래행위를 하지 아니하며, 증여 기타 경제적 이익을 받지 아니한다'라고 규정하고 있다. 조 전 판사의 사례는 이 같은 법관윤리강령을 무시하는 관행이 법조계에 만연해 있다는 사실을 잘 보여준다.

미국은 법관윤리강령이 상세하게 이루어져 있고(Code of Conduct for United States Judges), 법관은 주기적으로 윤리교육을 받으며, 법관윤리위원회(Judicial Ethics Committee)와 법관징계법원(Court of Judicial Discipline)을 상설기구로 두고 있다. 또한 법관윤리강령 위배행위나 법관의 비리, 범죄행위에 대해 일반 국민이 법관을 상대로 진정을 제기하면 공개적으로 투명하게 조사해 징계하는 제도도 마련해 두고 있다. 만일 진정이 들어오면 위원회는 즉각 조사에 들어가 혐의가 인정될 경우 법관에 대한 징계를 청구하고, 법관징계법의 결정은 실명으로 인터넷에 공개한다.

이에 비해 우리는 법관의 주기적인 윤리교육이 없을뿐 아니라 윤리강령 위배로 인한 징계가 거의 이루어지고 있지 않으며, 법관에 대한 진정과 징계 절차에 대한 공개적이면서도 투명한 제도가 마련돼 있지 않다. 만일 징계가 이루어진다고 해도 철저히 비밀에 부쳐진다.

법관이 윤리강령을 위반한 경우 징계 절차가 필요한 이유에 대해 미국 법관윤리규정 서문은 다음과 같이 설명하고 있다.

"법원 판결에 대한 승복은 법관의 고결성과 독립에 대한 신뢰에 의존한다. 사법부의 불편부당에 대한 공공의 신뢰는 각 판사들이 윤리규정의 책임을 다할 때 유지된다. 반대로 윤리규정 위반은 사법부에 대한 신뢰를 감소시키고, 법치주의에 대한 손상을 초래한다. 사법부에 대한 공공의 신뢰는 판사들에 의한 무책임하고 부적당한 행동에 의해 침식당한다."

　　법관의 비리가 사법부의 신뢰도에 얼마나 큰 손상을 입히는지를 깨닫는다면, 지금까지 우리 사법부가 윤리강령을 위배하는 법관의 행위를 '관행'이라며 방치한 일이 얼마나 심각한 것이었는지를 인식할 수 있다. 윤리규정의 엄격한 준수, 비리 법관에 대한 형사처벌 및 징계가 엄격하게 적용되는 것은 당연하며, 동시에 징계 절차 및 결과를 공개하는 제도도 마련돼야 한다.

사법불신의
가장 큰 문제

　　근래 사법부에 대한 국민의 불신이 극에 달하고 있다. 성균관대 김모 전 교수의 판사 석궁테러사건, 검사의 피의자 거짓진술강요 사건, 현직 부장판사의 대법원장에 대한 퇴진요구, 조폭으로부터 판사가 향응접대를 받은 사건 등 사법불신의 현상들이 이어지고 있다.

　　법원과 검찰은 잇따라 대응책을 내놓고 있지만 실제로 일어나고 있는 현상들은 변함이 없다. 근본적으로 수사와 재판이 돈과 권력이 있는 강자에게 유리하게 작용되어 오고 있다는 것이 가장 큰 문제다. 힘없는 약자가 기댈 곳은 법 밖에 없는데 사법부가 사회적 약자의 억울함을 외면하고 법을 강자에게 유리하게 적용할 때 사법정의가 사라지게 된다.

석궁테러 사건을 일으킨 김모 전 교수의 경우를 보더라도 우리 사법부가 얼마나 약자에게 냉혹했는지 알 수 있다. 사립대 교수는 재임용에서 탈락되어도 법적인 구제를 받기 어렵도록 대법원이 판례를 만들었다. 헌법재판소가 2003년 사립학교법의 위헌결정을 선언하면서 재임용 탈락 교수들의 구제를 위한 특별법이 제정되었지만, 법원은 사학재단의 편만 들면서 탈락한 교수들을 구제해주지 않았다. 김 전 교수의 경우에도 억울하게 재임용에서 탈락되고 10여년간 법정투쟁을 벌였지만 법원의 냉혹한 판단으로 구제받지 못한 것이다.

한동안 우리 사법부의 고질적인 비리로서 '전관예우'라는 것이 계속 거론되어 왔다. 전관예우가 사라지기는 커녕 그 형태를 바꾸어 더욱 뿌리 깊게 사법정의를 파괴하고 있는데, 바로 고위직 판·검사들이 대형로펌으로 몰려가는 현상이다. 대형로펌에 전직 고위 판검사들이 포진하고 있고, 로펌은 그 명단을 경쟁적으로 자랑하며, 현직 판검사들은 대형로펌의 눈치를 보는 웃지못할 일이 전개되고 있다. 전직 대법관 출신 변호사들이 대법원 사건의 70%를 싹쓸이하고 있다.

대형로펌에서는 전직 장관도 고문이라는 이름으로 영입하고 있다. 이러다보니 전관예우를 받는 전직 장관과 대법관, 고위판·검사들이 대거 포진한 대형로펌들은 무소불위의 권력을 가진 기관으로 변해버렸다.

　문제는 이러한 대형로펌들은 가난한 서민이나 사회적 약자들, 공익에는 별로 관심이 없다는 것이다. 대기업, 외국자본, 돈 많은 의뢰인을 위해서 거액의 수임료를 받고 일을 하고 있다. 우리나라 기업을 사냥하는 외국 펀드사를 위해서도, 국익에 반하는 일까지도 돈이 되는 일에는 수주경쟁이 일어날 정도다.

　이러한 현상은 사법부가 자본에 예속되어가고 있는 심각한 현상이라고 본다. 언제까지나 선비정신만 외쳐서는 해결될 수는 없다. 판검사들이 긍지를 가지고 평생 소신껏 직분에 충실할 수 있는 근본적인 개선방안이 필요하다. 무엇보다도 살인적인 격무에 시달리며 박봉에 시달리는 판·검사의 열악한 지위를 개선해주어야 한다. 사법정의는 제도와 의식이 같이 개선되어야 이룩할 수 있다고 본다.

개인정보유출
방지대책 시급하다

———

　　2008년 2월 인터넷경매사이트 옥션에서 고객 1,000여 명의 개인정보가 해킹으로 유출된 사건에 이어, 최근 하나로텔레콤이 고객 600만 명의 정보를 전국의 1,000여개 텔레마케팅 업체에 돈을 받고 넘겨준 사건이 발생하여 충격을 주고 있다.

　　하나로텔레콤의 행위는 자사 고객의 이름, 주민등록번호, 전화번호, 집 주소 등 상세한 정보를 고객의 동의없이 돈을 받고 다른 업체에 팔아, 고객들이 스팸메일에 시달리게 할 뿐만 아니라 정보 악용에 의한 범죄의 위험에도 노출시켰다.

　　이는 파렴치한 기업범죄행각으로서, 엄한 처벌과 함께 집단소송에 의한 징벌적 배상을 부과하여 기업이 문을 닫게 해야 함이 마땅한데도 우리나라는 처벌과 배상이라는 것이 솜방망이 수준이다.

이 정도의 사안에서도 수사기관이 대표자를 불구속으로 입건한 것도 그렇고 대부분의 경우 가벼운 과태료나 벌금형으로 끝내고 있으며, 피해자가 규합하여 소송을 제기하여도 고작 1인당 20여만 원의 피해배상에 그치는 것이 법원의 판례다.

그러다보니 사업자들이 고객의 정보를 돈을 받고 팔아넘기는 일이 반복되고 있으며, 사업자들은 고객의 정보자체가 돈이 되는 재산으로 파악하고 고객으로부터 불필요하게 과도한 정보를 수집하고 있는 실정인데도 이를 막는 제도적 장치가 없다. 우리는 거의 모든 인터넷 사이트에서 회원가입 시 주민등록번호를 무조건 요구하고, 전화번호와 직장, 가족관계, 결혼관계, 집 주소 등 과도한 정보를 수집하고 있다.

외국에서는 간단하게 이메일과 아이디, 패스워드만 입력하면 거의 모든 사이트에 가입이 되고, 이메일 계정 개설시에도 본인의 생년월일 정도만 간단하게 입력할 뿐이며 상세한 주소나 전화번호, 개인의 신분번호를 요구하지 않는다. 우리나라만 유독 전국민이 고유한 주민등록번호를 가지고 있고, 거의 모든 민간사업자가 개인의 주민등록번호를 강요하고, 불필요하게 상세한 개인정보를 입력하게 하며, 사이버 세상에서 우리 국민이 세계적으로 범죄의 피해자가 될 위험에 빠뜨리고 있다. 우리 국민의 상세한 정보는 이미 국경을 넘어 중국 등 해외사이트에 돈을 받고 팔리는 정보가 되었으며, 보이스피싱, 금융사기 등 각종 국제범죄의 대상이 되고 있다. 사태가 이 지경인데도 관련부처는 주민등록대체수단으로 아이핀(i-pin)제도를 도입한다는 등 대책이 원론수준에만 머물고 있으며, 개인의 식별번호를 고집하는 발상에서 벗어나지 못하고 있다. 하루 빨리 민간업자가 개인의 주민등록번호를 수집하거나 과도한 정보를 수집하지 못하게 막는 것이 시급한 일이며, 이를 제3자에게 영리목적으로 제공한 경우 징역형에 처하고, 이로 인한 불법이익을 전액 환수하는 조치와 함께 징벌적 배상제 도입이 시급한 실정이다.

2011년 3월 개인정보보호법이 제정되었고, 2014년 8월부터 주민등록번호 수집이 극히 제한되게 되었다. 하지만 너무 지나치게 과도한 보호위주로 인한 정책으로 정작 알아야 할 공익적 정보 수집이 제한되어 이로 인한 폐해도 심각하다.

건국 60년,
재도약의 기회로 삼자

—

오늘은 제63회 광복일이자 제60회 건국일이다. '8·15' 하면 그동안 광복일로 주로 기념되어 왔지만 건국일로서 더욱 의미있게 새겨야 할 필요가 있다.

이명박 대통령은 건국 60주년을 맞이하여 뜻 깊은 경축사를 내어놓았다. 우리의 건국사 60년은 성공의 역사, 발전의 역사라고 평가하고, 앞으로 국가브랜드 가치를 높이고 환경오염을 줄이는 녹색성장을 추진하며 고도성장 과정에서 소홀히 한 기본에 충실하고 신뢰사회, 법치주의를 구현, 위대한 대한민국, 위대한 통일시대를 열것이라고 선언했다.

나라가 분열되고 법치주의가 훼손되고 미래에 대한 희망이 희미한 시대에 국민에게 새로운 각오와 비전의 제시는 적절하였다고 평가된다.

건국 60년은 세계화·국제화 시대에 우리 대한민국이 질적으로 업그레이드 되고 재도약하기 위한 기회로 삼아야 한다고 본다.

우리는 건국 이후 경제적인 부와 세속적인 성공을 최우선으로 여기는 성장지상주의에 지나치게 몰입하고, 참 사람을 양성하거나 품격있는 사회를 형성하는데 소홀히 하였다. 이 때문에 이 사회는 도덕성, 인격, 훌륭한 시민의식이나 지도자의 사회적 책임과 같은 정신적 가치가 저평가되어 이기적이고 경쟁지상주의, 편협하고 탐욕이 가득한 사람이 넘쳐난다.

도덕적 환경은 물질적 환경 못지않게 우리 사회의 질적 수준을 좌우하는 중요한 요인이며, 행복사회를 구현하는 데 있어서 필수적인 요소다.

이제 정신적 가치로 눈을 돌릴 때이다.

우리는 우리 문화와 역사, 우리 민족의 가치에 대해 저평가를 하였다. 패배주의 역사관, 건국의 의미를 왜곡하고 축소시키는 비뚤어진 역사관을 몰아내어야 한다. 세계 어느나라에서도 나라를 건국한 건국의 아버지들을 우리처럼 그렇게 홀대한 나라가 없었다. 그리고 자신이 속한 나라의 역사에 대해 그렇게 무관심하거나 초·중등학교에서 필수교육과정으로 교육을 시키지 않는 나라가 없었다.

우리는 우리의 문화와 역사, 우리 민족의 우수성에 대해 자긍심과 자부심을 가져야 한다. 그러나 국수주의적이고 민족우월주의적인 폐쇄적인 사고방식은 경계해야 한다. 세계화, 국제화시대에 우리는 더욱 더 열린 마음을 가져야 하며, 타민족, 타종교, 타문화에 대한 관용과 공생의 자세를 가져야 한다.

우리는 나라의 틀인 헌법과 공동체의 규범인 법을 존중하는 법치주의를 하루 빨리 뿌리내려야 한다. 법치주의 없이 민주주의가 성공할 수 없다. 그동안 통치권자나 법집행자가 법을 자의적으로 행사하거나 사면권을 남용하거나 권력자와 가진자에게 솜방망이 처벌을 하며 눈감아준 것들이 법치주의를 파괴한 가장 큰 암적 요소였다고 본다. 따라서 권력자는 국민의 탓을 할 것이 아니라 법을 무시한 자신들의 태도를 반성해야 할 것이다.

건국 60주년을 맞이하여 빼앗긴 나라를 찾기 위해 몸을 바친 순국선열과 나라를 부강하게 만드느라 고생한 지난 세대의 사람들에게 감사드리며, 우리 민족이 다시 한번 질적으로 재도약하는 계기가 되었으면 하는 바람이다.

집단소송이 보내는
메시지

예고 없는 단전조치로 각종 유·무형의 피해를 당한 국민들이 한국전력공사와 정부당국의 처사에 분노하며 집단소송을 불사할 태세다. 한전과 당국은 수요가 공급을 초과하여 전국적으로 동시에 정전이 발생할 상황, 이른바 '블랙아웃'을 막기 위해 부득이하게 예고없이 30분씩 순환정전을 한 것이며 매뉴얼을 따랐다고 한다. 그러나 그 매뉴얼은 아주 낙후된 것이고 9월 폭염주의보가 내려진 상황에서 전력 수요예측을 못했다는 것도 납득이 잘 가지 않는다. 사전예고조차 불가능할 정도로 당시 상황이 긴박하였는지도 쟁점이 될 것이다.

산업현장과 가정, 사무소 등 곳곳에서 엄청난 피해를 본 국민에게 '전기의 수급 조절 등 부득이한 경우 전력의 제공을 중지 또한 제한한 경우 손해배상 책임을 지지 않는다'는 약관 규정이 있어 면책된다는 주장을 하는 한전에 비난이 빗발쳤다. 그러자 한전은 5시간 정전에 가구당 800원(한 달 4만 원 전기요금 기준시)의 보상안을 제시하였으나 국민의 분노가 오히려 더 커지는 상황이다. 약관규제법상 '고의 또는 중대한 과실로 인한 법률상의 책임을 배제하는 조항'은 무효이므로 한전에 고의 또는 중과실이 있다면 면책이 허용되지 않게 된다. 따라서 이번 사태의 책임규명은 반드시 필요하다.

최근 들어 다수의 피해자들이 기업 등을 상대로 집단소송(정확히 말하면 공동소송)을 제기하는 사례가 늘고 있다. 네이트 해킹 등 개인정보 유출 피해자들에 의한 소송, 애플사의 위치정보 수집에 대한 아이폰 가입자들의 소송, 우면산 산사태로 인명 및 재산 피해를 입은 주민들이 제기한 소송 등 유사 피해자들이 공동원고단을 결성하여 집단으로 소송을 제기하는 형태가 전국적으로 번지고 있다.

이런 현상은 국민들의 권리의식이 더 높아지고 정의에 대한 갈망, 국민을 무시한 기업이나 정부에 대한 책임을 묻고자 하는 국민의 열망이 반영된 것이라고 할 수 있다. 시대는 이렇게 변했는데도 우리 사법부는 여전히 친기업적 정서에 머물러 있다. 국민의 권리침해에 대한 구제나 악덕 기업에 대한 응징의 의지가 약하며, 국민의 열망과 기대를 외면하는 판례를 내놓고 있다. GS칼텍스와 옥션의 대규모 개인정보유출 사건에서 법원은 "개인정보 유출에 대한 불안감을 가질 수 있지만 위자료를 지급할 만큼 정신적 손해는 아니다"면서 원고청구를 기각함으로써 국민의 개인정보보다 대규모 정보를 유출한 기업을 적극 보호하였다. 국민은행 등 대규모 개인정보 유출에 관련된 다른 사건에서 법원이 피해자들의 정신적 손해로 인정한 금액은 고작 1인당 10만 원 정도에 불과하다.

기업이 패소한 경우에도 배상액이 이렇게 적다보니 거대 기업은 코웃음을 치고, 피해자는 더욱 농락당하는 기분이 된다. 영미법계 국가는 민사소송에서 징벌적 배상을 통해 악질적인 행위자를 응징하고 재발방지 목적을 구현하고 있다. 징벌적 배상액은 통상 보상적 배상액의 10배까지 허용하고 있으나 담배회사의 흡연자에 대한 책임을 인정한 윌리엄스 사건에서는 실질손해의 150배에 달하는 징벌적 배상액이 내려졌다.

우리나라에도 징벌적 배상제를 도입하자는 논의가 있어 왔는데, 최근 하도급법에서 대기업의 중소기업 기술 탈취 행위에 대해 실손해의 3배에 달하는 징벌적 배상을 명할 수 있는 제도를 처음 도입하였다. 권력과 금력을 가지고 우월적 지위에서 횡포를 부리는 거대기업 등에 맞서 시민들이 싸울 수 있는 무기는 영미법계의 집단소송제와 징벌적 배상제이다.

예링은 〈권리를 위한 투쟁〉에서 "권리에 대한 경시와 인격적 모욕의 성질을 지니고 있는 형태로서의 권리 침해에 저항하는 것은 권리자 자신에 대한 의무이며 사회 공동체에 대한 의무"라고 하였다. 바야흐로 집단소송을 통해 분출되는 국민의 메시지는 국민에 대한 경시와 인격모욕을 더 이상 참을 수 없다는 것이다. 국민을 존중하는 국가라면 마땅히 이러한 메시지에 부응할 수 있어야 할 것이다.

국가란 무엇인가

수원에서 성폭행 당하던 여성이 국가에 애절한 구조요청을 했지만 경찰의 안이한 대응으로 적절한 시기에 보호를 받지 못해 잔인하게 살해되었다.

국가의 가장 중요하고 우선적인 의무가 국민의 생명과 안전, 재산을 보호할 의무이다. 이는 국가권력을 신격화한 토마스 홉스조차 인정한 것이다. 평화주의자 버트런드 러셀조차 국가를 구성하고 유지하는 물리력의 핵심이 경찰과 군대이며, 내부 반란이나 패전으로 무너지지 않는 한 국가의 힘은 절대적으로 강력하다는 것을 인정했다. 절대적으로 강력한 힘을 가진 국가가 흉악범의 손아귀에 잡혀 바람 앞의 등불같이 생명이 위험한 상황에서 구조요청을 장시간에 걸쳐 받았음에도 신속하고 적절한 대응을 하지 않았다는 것은 가장 1차적인 국가의 기본의무조차 망각한 것이라 볼 수밖에 없다.

불과 십수년 전까지만 해도 국가는 합법적 폭력을 저지르는 무서운 존재였다. 국가 권력의 남용과 횡포를 어떻게 제지할 것인지, 국가와 국민의 관계를 어떻게 규정할 것인지가 근세 사상가들의 고민이었다. 존 로크, 존 스튜어트 밀과 같은 자유주의 국가론을 제창한 사상가들은 국가는 선을 행하기보다 악을 저지르지 않는 일에 집중해야 한다고 했다. 존 로크는 주권재민과 법치주의에 근거하지 않고는 국가권력의 정당성은 인정될 수 없다고 함으로써 국가권력 제한의 방법을 제시하였다. 장 자크 루소는 국가와 정부를 분리함으로써 문제를 해결하였다. 정부는 국민에게 고용되어 맡겨진 권력을 주권자의 이름으로 행사하는 대리자에 불과하며, 정부가 법치주의에서 이탈하거나 개인의 자유를 빼앗을 경우 국민의 저항권, 불복종 투쟁을 통해 정부를 무너뜨릴 권리가 있다고 주장하였다. 존 스튜어트 밀은 국가보다 개인의 자유를 중시하면서, 개인의 사상과 표현의 자유, 결사의 자유를 강조하였다.

헨리 데이비드 소로는 "사람 하나를 부당하게 가두는 정부 밑에서 의로운 사람이 있을 곳은 감옥이다"라고 하면서 악을 저지르는 국가에 대한 저항방법으로 시민불복종을 제시하였다.

이런 사상가들 덕분에 오늘날 우리는 국민으로서의 지위가 높아지고, 개인으로서의 권리와 자유를 누리는 사회에 살고 있다. 오히려 지금은 국가의 불간섭이 아니라 인권보호에 있어서도 국가의 소극적 보호의무를 넘어 적극적인 보호의무가 강조되고 있고, 모든 사회악과 사회갈등의 근원으로 간주되어 온 경제적 불평을 해소하기 위해 경제적, 사회적 권리에 대한 국가의 적극적인 개입과 규제가 어느 때보다 강조된다.

바야흐로 복지국가가 국가의 지향점이 되고 있는 상황에서 재산과 소득이 있는 자의 부담과 의무는 더욱 늘어난다. 요즘 우리나라는 과거 권위주의 정권에서 저지른 공권력에 의한 납치, 불법구금, 가혹행위, 살해 등 국가는 공권력 피해자들에게 거액의 배상을 하라는 판결이 쏟아지고 있다. 전쟁 중 군과 경찰이 정당한 이유와 절차 없이 민간인 학살을 한 데 대해서도 엄청난 국가 배상책임이 선고되고 있다. 정의를 바로 잡는 지당한 판결이라는 데 대해서는 이의가 없다. 문제는 과거의 국가가 저지른 불법행위는 고스란히 후손인 우리들의 몫이라는 것이다.

5월이면 종합소득세를 내는 달이다. 복지정책이 급증한 오늘날 조세납부자이자 국민의 한사람으로서 국가와 국민의 관계, 세금을 징수하여 사용하는 국가와 지방정부, 세금 수혜자들의 성실의무와 도덕적 의무를 많이 생각해 보게 된다.

내가 정부에 바라는 최소한의 것은 아리스토텔레스가 말한 정의, 즉 '각자에게 마땅히 받아야 할 것을 주는 것, 권리·소득·기회·부·권력·명예 등이 그것을 받을 자격이 있는 사람들에게 돌아가도록 하는 것'이다. 유시민 전 장관이 쓴 『국가란 무엇인가』를 읽어보고 이 글을 썼다.

법관에게 표현의 자유가 없는 이유

최근 우리나라 법관들이 민감한 사회적·정치적 이슈들에 관하여 SNS를 통해 개인 의견을 활발하게, 때로는 극한 표현을 사용하는 일이 빈발하고 있다. 물론 법관도 국민의 한 사람으로서 헌법상의 기본권의 하나인 표현의 자유를 누릴 자격이 있다.

그러나 법관은 공무원으로서, 법관으로서 헌법과 법률, 대법원규칙(법관윤리강령)에서 정한 한도 내에서 표현의 자유는 제한된다. 공무원으로서 정치적 중립성 의무가 있고(헌법), 정당에 가입하거나 선거에서 특정정당이나 특정인을 지지 내지 반대를 하는 행위 등이 금지된다(국가공무원법). 무엇보다도 법관은 법관의 행동과 표현을 제한하는 구체적인 규범으로서 법관윤리강령을 준수해야 한다.

법관윤리강령의 해당 조항은 다음과 같다. "법관은 공평무사하고 청렴하여야 하며, 공정성과 청렴성을 의심받을 행동을 하지 아니하며, 혈연·지연·학연·성별·종교·경제적 능력 또는 사회적 지위 등을 이유로 편견을 가지거나 차별을 하지 아니한다···. 법관은 교육이나 학술 또는 정확한 보도를 위한 경우를 제외하고는 구체적 사건에 관하여 공개적으로 논평하거나 의견을 표명하지 아니한다. 법관은 타인의 법적 분쟁에 관여하지 아니하며, 다른 법관의 재판에 영향을 미치는 행동을 하지 아니한다. 법관은 재판에 영향을 미치거나 공정성을 의심받을 염려가 있는 경우에는 법률적 조언을 하거나 변호사 등 법조인에 대한 정보를 제공하지 아니한다. 법관은 직무를 수행함에 있어 정치적 중립을 지킨다."

표현의 자유가 최고로 보장되는 미국에서조차 법관의 표현의 자유는 엄격히 제한된다. 유명한 미연방 7순회 항소심 법원의 리처드 포스너 판사는 1999년 발간한 저서에서 클린턴 대통령에 대하여 "광범위한 형사범죄를 저질렀다."고 표현하였는데, 케네스 스타 특별검사의 조사가 진행되는 상황에서 영향력 있는 판사가 이런 표현을 하는 것은 법관윤리위반이라고 지적되었다. 2000년 마이크로소프트 반독점 사건을 담당한 펜 필드 잭슨 판사도 진행 중인 사건에 관하여 개인적인 의견을 표명한 인터뷰를 한 것이 문제되어 윤리위반으로 인정되었다.

　미국에서도 SNS를 사용한 법관의 의견표명이 늘어나면서 관련 규정이 마련되고 있다. 오하이오주 법관윤리위원회의 경우를 보면 다음과 같다. "SNS를 이용한 정보, 사진, 논평의 경우에도 반드시 위엄을 유지하여야 하고, 사법부의 독립이나 신뢰를 침해할 우려가 있는 언어를 삼가야 하며, 법원에 계류 중이거나 임박한 사안에 대한 논평을 삼가고, 사건 당사자나 증인의 사이트 게시물을 보아서는 안 되며, 담당하는 사건에 관한 정보를 얻기 위해 SNS를 사용해서는 안 되고, SNS를 통하여 법률조언을 해서는 안되며, 변호사와의 SNS를 통한 관계가 다른 변호사에 대한 편견을 초래할 경우 재판에서 물러나야 한다".

　캘리포니아 주 법관윤리위원회는, 법관이 SNS 회원이 되는 것이나 변호사를 친구로 설정한 그 자체는 윤리위반이 아니라는 입장이다. 법관이 SNS 회원이 되어 의견을 표명하는 것은 재판 외 활동이 되므로 "법관의 재판 외 활동이 불공정성에 의심을 초래하거나 위신을 떨어뜨려서는 안 된다"는 규정을 유의해야 한다. SNS를 통한 법관의 논평은 어떤 경우에도 공적인 코멘트로 취급하며 계류 중이거나 임박한 사건에 대해서 SNS를 통한 논평은 금지된다…(중략)…. 법관이 현재 담당하고 있는 사건의 변호사는 SNS의 친구로 설정해서는 안 된다."

영국과 호주 등 영연방 국가는 사법중립성의 원칙이 오래전부터 정착되어 있어 법관의 표현의 자유는 아주 제한받고 있다. 법관은 말이나 글에서 어떠한 편견을 드러내서도 안 되고 공정성을 의심받는 행위를 하여서는 안 된다. 특정사안에 대하여 정치적 논쟁을 피하여야 하며, 소송으로 비화할 사안에 대한 공개적 의견 표명을 삼가야 한다.

법관의 표현의 자유를 제한하는 것은 사법부의 고결성, 신뢰보호, 사법부 독립을 수호하라는 더 큰 공익을 위한 것이다.

세월호 범죄 혐의자
신원 공개하라

―――

수많은 생명을 앗아간 세월호 선장과 선원들 15명이 기소돼 곧 재판을 받게 된다. 검경합동수사본부는 선장과 항해사 등 선원 4명은 형법상 '부작위에 의한 살인' 혐의로, 살인 혐의가 무죄로 될 경우에 대비하여 예비적으로 형법상 '유기치사' 혐의로, 나머지 11명은 유기치사 및 수난구호법 위반 혐의로 공소를 제기했다.

천인공노할 범죄 혐의자에 대해 수사본부는 선장의 얼굴과 실명만 공개하고 항해사, 조타수 등의 선원들에게는 마스크와 야구모자로 얼굴을 가려주고 이름을 공개하지 않았다. 그래서 대부분 언론도 그들을 '강모씨' '조모씨' 로만 보도한다.

피해 규모가 크고 사안이 심각하며 국가 사회적으로 충격과 혼란을 준 중대 사안에서 다수 국민의 알권리와 공익보다 범죄 혐의자 개인의 인격권(초상권, 성명권, 프라이버시권)을 더 두껍게 보호하는 수사기관의 안일한 태도는 국민이 납득하기 어렵다. 수사기관이 피의자 신원공개 여부를 결정하는 기준은 법무부의 '인권보호를 위한 수사공보준칙'과 경찰청의 '인권보호를 위한 경찰관 직무규칙'이다. 행정청의 내부규칙에 불과한 '훈령'으로 국민에 대해 법규적 효력이 없음에도 수사기관은 이 훈령 기준에 따라 공개 여부를 결정한다. 공적 인물인 경우에는 공개를 원칙으로 하고, 사인(私人)인 경우에는 특정강력범죄의 처벌에 관한 특례법과 성폭력범죄의 처벌 등에 관한 특례법에서 정하는 예외적인 사유에 해당하는 경우에만 공개한다.

특정강력범죄의 처벌에 관한 특례법은 강력사건 피의자의 얼굴, 실명 및 나이 등 신상정보를 공개할 수 있는 사유로 범행수단이 잔인하고 중대한 피해가 발생한 특정 강력범죄 사건일 것, 피의자가 그 죄를 범했다고 믿을 만한 충분한 증거가 있을 것, 국민의 알권리 보장, 피의자의 재범 방지 및 범죄 예방 등 오로지 공공의 이익을 위해 필요할 것, 피의자가 청소년보호법의 청소년에 해당하지 아니할 것 등을 요건으로 하고 있다. 성폭력범죄의 처벌 등에 관한 특례법에 의한 성폭력 피의자에 대한 신상공개도 이와 유사하다.

훈령의 기준을 따르면 공적 인물이 아닌 사인인 경우, 특정강력범죄(살인·인신매매·강간·강도 등)나 성폭력 범죄에 해당하지 않는 한 아무리 잔인한 범죄를 저지르고 피해자가 다수라 하더라도 신원을 공개하지 않게 돼 있어 문제다. 신원공개는 위 특별법과 같이 법률상 명문 규정으로 허용하는 경우에만 가능한 것이 아니다. 신원공개는 소년법과 같이 보도를 금지하는 법률의 규정이 없는 한, 대법원판례에서 정한 기준에 의거해 공개하는 것이 마땅하다. 훈령으로 제한하는 것은 국민의 알권리를 침해하고 공익에 반하는 일이다.

대법원은 1998년 범죄 사건의 보도는 공공성이 있는 것으로 취급되나 범죄 혐의자에 관한 보도는 반드시 범죄 자체에 관한 보도와 같은 공공성을 가진다고 볼 수도 없다고 해 익명보도를 원칙으로 했다. 이 때문에 언론은 '그들이 무슨 짓을 했는지'만 보도할 수 있지 '그들이 누구인지'는 보도할 수 없었다.

하지만 2009년 대법원은 사인의 경우에도 피의자의 명예나 사생활 비밀 유지로 인한 이익보다 실명보도로 인한 공공의 정보에 대한 이익이 우월한 경우 실명보도가 가능하다고 입장을 바꿨다. 사회적으로 고도의 해악성을 가진 중대한 범죄거나 사안이 공공에게 중요성을 가지거나 공공의 이익과 연관성이 있는 경우 등에는 실명보도를 할 수 있다고 구체적인 기준을 제시했다.

그럼에도 수사기관이 변경된 대법원 판례를 반영하지 않고 신원 공개 대상을 아주 좁게 운영하는 것은 한심한 일이다. 승객 대피의 무에 대한 주요 책임자 4명과 선장에 대해 부작위에 의한 살인죄로 기소한 마당에 훈령에 따르더라도 공개 대상이 돼야 한다. 현재의 대법원 판례에 의하더라도 세월호 범죄 혐의자의 신원은 공개될 수 있다. 국민적 피해가 막중한 사안에서 범죄 혐의자의 얼굴을 가리고 이름도 공개하지 않는다면 혐의자 개인의 사적 이익은 보호되겠지만 더 큰 다수 국민의 알권리, 언론 표현의 자유와 공공의 이익은 무시된다. 범죄 혐의자에 대한 신원공개 기준을 개별 법률에서 범죄 유형별로 규정할 것이 아니라 일반 법률에서 포괄적 기준을 마련할 필요도 있다.

사법부에도
역성혁명이 필요하다

———

맹자는 2300여 년 전에 이미 "백성은 사직(社稷·국가)이나 군주보다 귀중하다" "왕이 국가를 위태롭게 하면 왕을 바꾼다"며 소위 역성(易姓)혁명론을 주장하였다. 정도전은 600여 년 전에 국민을 국가(고려)보다 더 중시하는 역성혁명을 실천해 새로운 국가 조선의 건국을 뒷받침했다.

왕조국가에서도 백성이 국가의 근본이었다. 민주국가인 우리 헌법에도 "대한민국의 주권은 국민에게 있고 모든 권력은 국민으로부터 나온다"고 돼 있다. 그러나 우리 사법부는 국민을 섬기는 정신이 퇴색한 것 같아 안타깝다.

법관은 판결을 통해 개인의 생명·재산·자유, 그리고 인생을 좌우할 만한 막강한 권한을 행사한다. 사회와 국가 전체에 영향을 미치는 판결도 한다. 그러나 오판에 대한 책임은 거의 지지 않는다. 헌법에서 법관은 헌법과 법률에 의해 그 양심에 따라 독립하여 심판한다고 돼 있다. 법관의 판결과 관련해 민사책임이 면책된다는 근거는 헌법에도 법률에도 없다. 법관이 스스로 만든 판례를 통해 존재할 뿐이다.

대법원은 '위법 또는 부당한 목적을 갖고 재판을 했거나 직무수행상 준수할 것을 요구하는 기준을 현저히 위반한 경우'에만 법관의 불법행위 책임을 인정하는 이상한 판례를 만들었다. 이 기준에 따르면 판결이 헌법과 법률에 위반되고 양심에 반하여도, 판결이 사회상규에 맞지 않고, 평등과 비례원칙에 위배되고, 자의적이고 공정성이 결여되며 반(反)공익적이라도, 그 판결의 과정에 부당한 영향력이 있었고, 법관이 재량권을 남용하여도 그런 판결을 한 법관에게 민사상 책임을 묻기 어렵다.

따라서 아무리 오판을 해도 법관에 대한 민사소송을 제기하는 경우 승소 가능성이 거의 없다. 잘못된 판결도 확정되면 재심 사유에 해당하지 않는 한 취소할 수도 없다. 공무원의 재량권 일탈 남용은 위법이 돼 행정처분이 취소되고 해당 공무원의 고의 과실이 있으면 국가가 배상해야 하고, 고의 또는 중과실이 있는 공무원 개인도

책임지는 경우와 비교되는 면책특권이다.

법관은 판결에 대해 거의 무제한적인 면책특권을 자신들이 만든 판례를 통해 누리고 있다. 인혁당 사건 때 오판으로 사람을 형장의 이슬로 사라지게 한 경우에도 국민의 세금으로 이뤄진 국가배상은 있었지만 법관들은 개인배상 책임을 진 적이 없다. 이는 판사의 사법적 권한 행사와 관련해 민사상 면책특권을 인정하는 영미법 판례를 따른 것이다. '왕은 잘못을 하지 않는다'는 구시대 보통법(common law)의 전통을 사법부의 독립과 사법권한을 행사하는 판사를 보호하는 장치로 차용한 것이다.

그러나 영미법 국가에서도 이에 대한 비판이 거세다. 전 미국 연방대법관 포터 스튜어트는 법관의 면책특권에 반대하면서 "단지 판사가 법정에 앉아 법복을 입고 판결을 했다는 이유만으로는 절대 면책되지 못한다"고 했다. 국민을 보호하기 위해서는 불법적이고 터무니없는 판결을 한 판사들에 대해 배상책임이 인정돼야 한다는 주장이 제기된다.

영미법 국가에서는 판결에 대해 법관의 민사상 면책특권은 인정돼도, 판결과정에 법관이 저지른 잘못에 대해서는 문책한다. 즉 형사상 범죄에 대해서는 처벌하고 파면하며, 법관의 잘못된 행동에 대해서는 엄중 징계한다. 재판과정에 로비를 받거나 법정에서 당사자에게 적대적 대우를 하거나 증거조사 방해와 편파 재판을 하는 경우 등 재판과정에서 법관의 잘못된 행동에 대해 법관윤리위원회에 고발함으로써 법관을 징계하고 이를 일반에 공개한다.

그러나 한국은 법관이 비위를 저질러도 사표 수리로 끝나고 징계는 거의 없다. 징계내용을 공개하지도 않는다. 술에 취해 도로상에서 자신의 자동차에서 잠을 잔 경찰간부는 직위해제 당하지만, 술에 취해 폭행과 기물 파손을 한 판사는 징계도 없이 사표 수리가 될 뿐, 다른 불이익은 받지 않는다.

최근 법관의 일탈행위가 증가하고 하루 5억 원의 노역장 유치, 이른바 황제노역 판결과 여덟 살배기 의붓딸을 때려 숨지게 한 울산 칠곡 계모에게 각각 15년, 10년 징역 같은 관대한 판결이 속출해 국민의 분노가 들끓고 있다. 구시대 유물인 왕과 국가, 교황이 누리던 무오류성의 특권을 법관이 누리고 있기 때문이다. 사법부에도 역성혁명이 필요하다.

거대한 악을 무너뜨리는데
한번의 싸움으로
쉽게 이길 수가 없지요.
세월이 걸린다고 생각합니다.

담배가 주는 여러가지 폐해에 대한 관심을 우리 사회에 환기시켰던
이른바 '담배소송'이 15년 만에 일단락됐지만 이번 소송은 "서곡에 불과하다"며
"1라운드에서 졌다고 게임이 끝난게 아니듯 담배 피해가 속출하고 있어
앞으로 담배회사에 책임을 묻는 소송은
계속 줄을 이을 수밖에 없을 것"이다.

PART 04

담배소송
결국
이길것!

담배는 합법적으로 판매되어서는 안 되는 독극물과 마약이나 다름없다. 담배는 4,000여 종의 유독물질과 A급 발암물질이 있으며, 니코틴은 아편, 코카인과 같은 수준의 강한 중독성이 있는 물질이다. 20년 이상 흡연자 중에 폐암에 걸린 사람들의 90~95%는 흡연으로 인해 폐암에 걸린 것이 의학적으로 확실히 증명되었다.

담배로부터의
청소년 보호

———

　　미국은 물론이고 세계의 대부분 선진국들은 미성년자에 대한 담배 판매를 규제하고 있다. 흡연은 시작하는 시기가 어리면 어릴수록 중독성이 강하여 끊기가 어렵고, 성인보다도 흡연으로 인한 질병에 걸리기가 쉬워지기 때문이다.

　　미국에선 일부 담배회사들이 6세된 어린이를 담배 마케팅 전략으로 삼았다는 사실이 몇 년 전 폭로되면서, 담배회사들이 궁지에 몰리는 계기가 되었다. 미국의 주정부들이 담배회사들을 상대로 한 소송을 합의로 종결할 때, 미성년자에 대한 마케팅 전략을 금지하고, 만화 캐릭터에 의한 광고금지, 자판기 설치 제한 등 미성년자 보호를 위한 여러 방법을 동원하고 있는 것이 이 때문이다.

우리나라 정부는 청소년의 건전한 발전과 건강 보호를 위하여 강력한 금연정책을 펼 의무가 있음에도 불구하고, 오랫동안 이 문제에 소극적이었다. 미성년자의 흡연을 금지하고 미성년자에 대한 담배판매를 한 사람을 처벌하는 미성년자보호법은 오래전부터 있었지만, 이 법에 따른 단속은 거의 없었다.

우리나라 정부가 청소년을 담배로부터 보호하기 위한 적극적 태도를 취하기 시작한 것은 불과 4~5년 밖에 안된다. 그 계기는 1990년대 중반부터 시작된 외국산 담배들의 무분별한 청소년 대상 광고전략에 따라 우리나라 청소년의 흡연율이 급증, 1995년 고등학생의 흡연율이 세계 최고에 이르렀기 때문이다. 사회문제가 되고, 미국의 연방정부와 주정부들이 청소년을 담배로부터 보호하기 위하여 담배회사와 싸움을 벌이는 것에 영향을 받은 것으로 보인다.

1997년 제정된 청소년보호법은 청소년을 '19세 미만자'로 규정 짓고 담배판매상은 반드시 상대방의 연령을 확인하여야 하며 이를 어기고 청소년에게 담배를 판매한 경우 3년 이하의 징역과 2,000만 원 이하의 벌금에 처하도록 처벌을 강화하였다.

청소년보호법에 의하여 청소년보호법 위반행위를 관장하는 청소년보호위원회가 생긴 이후, 실제 단속도 훨씬 강화되었다고 한다. 청소년이 손쉽게 담배를 구입할 수 있는 장소는 담배자동판매기이다. 이 때문에 1995년에 제정된 국민건강증진법은 담배 자동판매기의 설치장소를 제한하였다.

부천시와 서울 강남구는 조례로 부천시 전역과 서울 강남구 전역에서 성인업소를 제외한 모든 곳의 담배자동판매기 설치를 금지시켰다. 이 조례에 관하여 헌법재판소는 "자동판매기를 통한 담배판매는 청소년으로 하여금 담배구입을 용이하게 하므로, 청소년보호를 위하여 자판기 설치의 제한이 필요하다"고 하여 조례가 합헌이라고 판단하였다.

담배광고의 방법과 횟수도 제한하고 있는데, 청소년 대상 잡지나 청소년 대상의 체육·문화 행사 등에 대해서는 담배광고를 엄격히 제한하고 청소년의 인물을 담배광고물로 사용하지 못하도록 하고 있다.

바야흐로 전세계에서 뜨겁게 달아오르는 담배와의 전쟁, 그 최일선의 보호대상은 우리의 미래인 청소년이 아닐 수 없다.

담배공사
쥐꼬리 건강부담금

———

지금 세계는 담배를 두고 싸움이 한창이다. 미국의 한 주정부는 담배회사에서 거액의 배상금을 받아냈고, 프랑스·영국·오스트레일리아 등에서 담배소송이 펼쳐지고 있다. 하지만 사후 배상방법은 피해자 구제에도 미흡하고, 흡연 관련 경제적 손실을 회복하는 데는 더 그렇다.

이에 선진국들은 효과적이고 비용이 적게 드는 금연정책에 힘을 쏟고 있다. 특히 16살 이하 흡연 청소년의 폐암 사망률은 비흡연자에 비해 27배나 높기 때문에 담배로부터 청소년을 보호하는 정책을 강도높게 실시하고 있다. 미국·네덜란드·오스트레일리아 등

은 담뱃세의 일정액을 기금으로 조성해 금연교육과 흡연 관련 질병 예방에 쓰고 있으며, 미국은 담배회사로부터 받은 배상금까지도 상당액을 예방정책에 사용하기 시작했다.

청소년 흡연을 줄이기 위해 선진국이 쏟는 열정은 대단하다. 담뱃값은 크게 올리고 소비자물가지수 품목에서 담배를 뺐다. 클린턴 행정부는 청소년 흡연을 절반으로 줄이기 위해 거액의 예산을 확보하려 한다. 게다가 세계보건기구(WHO)는 지구상에서 담배 추방을 목표로 강력한 금연정책을 권고하고 담배 규제를 위한 국제협약을 맺으려 하고 있다.

그런데 우리 정부는 정반대로 가고 있다. 담배인삼공사^(현 KT&G)가 독점판매로 이윤을 얻고 담뱃세 수입은 지방자치단체가 쓰는데, 담배인삼공사는 95년 전까지 금연교육이나 흡연 관련 질병예방에 쓰라고 이윤의 일부를 내놓은 적이 없다. 지방자치단체도 담배세를 이런 목적에 쓰지 않고, 오히려 '내고장 담배 사피우기 운동'을 펼치고 있는 실정이다. 정부는 95년에야 국민건강증진법을 제정해 금연정책과 질병예방 사업에 들어갔는데, 그 재원 마련을 위해 담배 한 갑당 2원의 건강증진 부담금을 매겼다. 그런데 현재 이 부담금으로는 전국 1만여 초·중·고등학교 중 4개 고등학교에만 금연시범학교를 실시하고, 생활보호대상자 중 20%만 흡연자 폐암 검진을 실시할 수 있을 뿐이다.

우리의 흡연 피해는 심각하다. 성인 남자의 흡연율이 68.2%로 세계 1위, 고3 학생의 흡연율도 41.6%로 최고 수준이며, 흡연 관련 암 사망률과 질병치료비가 급증하고 있다. 더욱 심각한 것은 중고생들이 학교에서 버젓이 담배를 피우는 데도 교사들이 통제력을 잃었다는 것이다.

따라서 금연학교의 전국적 확대, 흡연의 해악과 금연 교육·홍보 강화를 위해서는 건강증진 부담금이 한 갑당 현재(99년 당시 기준)의 2원에서 10원 이상으로 올라야 한다. 그런데 정부는 담배인삼공사의 민영화 차질을 염려해 이에 반대하고 있다고 한다. 미국도 수입담배에 대해 우리 정부가 한 갑당 20원까지 부담금을 매길 수 있도록 합의했다.

우리나라는 세계에서 담뱃값이 가장 싼 수준이고 담배 세율도 세계은행 권유 세율인 80%를 크게 밑도는 68%에 불과하다. 더구나 담배를 팔아 지난해 3,075억 원의 흑자를 올린 담배인삼공사가 담배꽁초 등을 치우는 폐기물 부담금은 한 갑당 4원씩 내면서, 건강증진기금으로 한 갑당 고작 2원을 부담하는 것은 앞뒤가 맞지 않는다.

담배장사로 당장에 얻는 이득보다 흡연으로 인한 경제적 손실이 장기적으로 더욱 크다는 점을 깊이 인식해야 한다.

담배소송에
깃든 깊은 뜻

1999년 말, 나는 드디어 한국 최초로 '집단담배소송'을 제기했다. 재판 첫 기일이 열리면서 이제 담배소송의 법정공방은 본격화되었다. 이 소송을 한국의 법정에 올리기까지 2년의 세월이 걸렸다. 앞으로 나아가야 할 길은 더욱 험난할지 모른다.

왜 이렇게 힘들게, 귀중한 시간을 투자하면서 국가와 강력한 공기업인을 상대로 소송을 제기했느냐고 묻는 사람이 많다. 어떤 사람들은 걱정하면서 "몸조심 하라"고 까지 말한다. 담배소송에서 힘든 일은 정말 많다. 담배소송은 무료변론으로 하는데, 증거조사비 등 소송비용이 많이 들어가지만, 기금조성이 안되어 어려움이 많다. 또한 광범위한 지식을 동원하고 많은 증거를 제출해야 하므로 준비하는 데 많은 시간, 전문가의 도움과 보조인력을 필요로 한다. 그런데 현재로서는 이런 뒷받침이 충분치 않다. 하지만 이보다 힘든 것은 우리 국민들의 담배소송에 대한 인식부족과 담배의 해로움에 대한 심각성을 인식하지 못하고 있는 점이다. '피운 사람의 잘못이 아닌가'라고 반응하는 사람들이 그렇다.

내가 담배소송과 인연을 맺게 된 것은, 공익소송에 관심이 많은 내 취향 때문이다. 1997년 말, 하버드대 로스쿨에서 석사학위 논문 준비를 할 때 당시 미국은 담배소송을 제기한 주 정부들과 담배회사간의 협상과정이 매일 보도되고 있었다. 미국과 같이 법률 이론이 고도로 발달된 나라에서 전개되는 담배소송 양상을 보면서, 법률가로서 호기심이 발동했다. 그리고 담배소송이 가능하다면 이것이야말로 엄청난 투자를 하여 만든 수많은 병원도 하기 어려운, 많은 사람들을 구제할 수 있는 '공익소송'에 딱 들어맞는다고 판단했다. 이렇게 해서 나는 '미국의 담배소송이론을 한국에 적용하기'라는 제목의 논문을 쓰게 되었다.

담배는 합법적으로 판매되어서는 안되는 독극물과 마약이나 다름없다. 담배는 4,000여 종의 유독물질과 A급 발암물질이 있으며, 니코틴은 아편, 코카인과 같은 수준의 강한 중독성이 있는 물질인 것, 20년 이상 흡연자 중에 폐암에 걸린 사람들의 90~95%는 흡연으로 인해 폐암에 걸린 것이 의학적으로 확실히 증명되었다. 담배회사들은 1960년대부터 담배의 이러한 해로움과 중독성을 잘 알고 있었으면서도, 이를 감소시키거나 대중에게 구체적으로 널리 알리려는 노력을 고의적으로 하지 않았다. 우리 정부도 이 점에 있어서는 예외가 아니다. 국가가 담배를 전매하면서 재정수입에만 급급하여 국민 건강에는 무심했다.

우리나라는 고등학생 남학생과 성인남자 흡연율이 세계 최고다. 청소년이 흡연을 하게 되면 어른이 되어 흡연할 때보다 금연하기 힘들 뿐만 아니라, 비흡연자에 비해 폐암 발생률이 27배나 높고, 흡연자는 평균수명이 15~25년 짧아진다고 한다. 담배소송을 제기하지 않으면 이런 상황은 개선되기 어렵다. 담배인삼공사는 흡연의 위험성을 계속 눈감고 있을 것이고, 중독자를 양산하여 평생소비자를 확보해 쉽게 돈버는 장사를 계속할 것이다.

내가 담배소송을 한 목적은 개별적 피해자를 위한 보상에도 있지만, 더 큰 목적은 담배로 병들어 가는 국민들, 특히 청소년들을 보호하고, 흡연에 대한 심각성을 일깨워 흡연문화와 담배정책을 바꾸어 건강한 사회를 만들고자 하는 데 있다.

작년 봄에 미국에서 돌아오자마자 나는 약 8개월 간의 준비기간을 거쳐 드디어 집단담배소송을 제기했다. 그러나 이런 엄청난 일을 나는 결코 내가 한다고 생각하지 않는다.

　오래 전 내 안의 '참 나'가 내게 준 임무, 나는 때가 되어 그 임무를 열심히 수행하고 있을 뿐이라고 생각한다. 이 일을 하는데 필요한 밝은 지혜와 힘, 모든 물질적·정신적 도움은 참 나가 제공할 것이며, 그 결과까지 '참 나'가 만들어갈 것이다. 나는 열심히 심부름꾼 노릇만 하면 된다. '참 나'의 진정한 뜻을 깨우쳐 가면서, 그리고 마음 공부 겸 인생공부도 하면서 담배소송을 한다. 담배소송 하나에도 이토록 깊고 높은 뜻이 숨겨져 있다.

University of California, Sanfrancisco(UCSF)의 Stanton Glantz교수와 함께...
(Stanton Glantz교수는 미국담배회사의 내부비밀문서 수천건을
인터넷에 공개하여 담배회사 비밀문서 공개를 촉진시킴)

간접흡연의
심각성

—

우리나라에도 간접흡연의 피해를 주장하는 소송이 처음으로 제기되었다. 이 사건은 기관지 천식을 앓는 농협 직원이 고객들의 흡연으로 지병이 악화되어 사망하게 되었으므로 업무상 재해로 인정해 달라는 소송이다. 흡연자의 권리가 비흡연자의 권리를 심각하게 침해할 수 있다는 경종을 울리는 사건이다.

우리는 아직도 흡연자가 다수이고, 흡연자 우선의 문화속에 살고 있다. 세계에서 가장 높은 성인남자 흡연율과 고등학교 3학년생의 흡연율, 금연구역을 제대로 지키지 않는 사람들, 비흡연가 앞에서 양해도 구하지 않고 당연한 듯 흡연을 즐기는 사람들이 다반

사인 현실이 그것을 말해준다.

지난 4월 갤럽이 전국 18세 이상 성인 남자 흡연율을 조사한 결과, 66.3%로 요지부동의 세계 최고수준이다. 미국·영국 등 선진국에선 성인남자 흡연율이 우리의 절반 수준으로 내려갔고, 청소년 흡연율도 감소하고 있는 현상과는 대조적이다.

우리도 1995년부터 국민건강증진법이 발효되어 연면적 3,000㎡이상의 사무용 건축물과 연면적 2,000㎡이상의 복합건축물을 비롯한 각종 공중이용시설은 금연구역과 흡연구역을 지정하게 되었다. 의료기관, 지하상가, 항공기·철도 등 교통관련시설은 전면적인 금연구역으로 지정돼 담배를 피울 수 없게 되었다. 하지만 이를 지키는 사람들은 드물다. 지금도 동료 흡연가들이 피우는 담배 연기 속에서 고통을 받으면서 항의도 제대로 못하고 지내는 비흡연가들이 많다.

흡연가들은 자신들의 피울 권리, 즐길 권리를 만끽하는 데만 관심이 있고 자신들이 피우는 담배로 인해 비흡연가의 건강을 해치며, 비흡연가에게 고통을 주는 것에 대해 관심이 없다.

필자는 이러한 흡연자들에게 간접흡연의 심각성과 비흡연자의 고통에 대해 말해주고 싶다. 흡연자가 마시는 연기보다 간접흡연자가 마시는 담배연기가 훨씬 더 해롭다는 사실을 알아야 한다.

담배연기는 주류연과 부류연으로 구성되어 있는데, 주류연은

제19회 금연의 날 행사. 유시민 전 보건복지부 장관,
금연수호천사(가수 세븐, 탤런트 김지우)와 함께

흡연자가 들이마신 후 내뿜는 연기이고, 부류연은 담배가 타들어
가면서 나오는 생담배 연기이다.

간접흡연은 부류연이 85%, 주류연이 15%를 차지한다. 부류연
은 독성 화학물질의 농도가 주류연보다 훨씬 높고 담배연기 입자
가 더 작아서 폐에 더 심각한 영향을 미칠 수 있다. 간접흡연에 지
속적으로 노출되면 간접흡연자도 폐암 등 각종 질병에 걸릴 위험이
높아지게 된다.

흡연하는 배우자를 가진 사람은 폐암 발생률이 30%, 심장병 발
생률이 40%가 더 높다는 결과가 나와 있다. 부모가 흡연하는 가

정의 어린이는 급성호흡기질환, 기관지염, 폐렴에 걸릴 확률이 6배나 더 높고 폐기능이 현저히 낮아진다. 연기에 민감한 사람은 담배연기를 마시는 것만으로 안구자극 증상, 코 증상, 두통, 기침 등의 고통을 당한다.

미국 보건성은 1986년 간접흡연 피해가 심각하다는 공식보고서를 의회에 제출하였으며, 이때부터 공공장소에서의 흡연 규제를 더욱 강화했다. 미국의 많은 주가 흡연구역에서 담배를 피우면 무거운 벌금을 내야하고, 최근에는 레스토랑과 술집에서도 흡연을 전면 금지하는 지방 정부가 늘고 있다.

이에 비해 우리는 많은 흡연가들이 간접흡연 피해의 심각성에 대해 인식이 낮고, 간접흡연가들의 건강과 담배연기를 마시기를 원하지 않는 권리에 대해 존중하지 않으며, 금연구역을 지키지 않아도 처벌규정이 없어 간접흡연자의 피해와 고통이 심각한 상황이다.

흡연자들이 주장하는 '애연권'은 다른 사람의 권리를 침해하지 않는 선에서 보장되어야 한다. 비흡연가의 '건강권'과 쾌적한 환경에서 일할 '환경권'도 중요한 헌법상 권리라는 것을 흡연자들은 인식해야 한다. 나아가 내가 지속적으로 피운 담배로 인해 내 동료, 내 가족이 폐암과 각종 질병으로 병들어 죽을 수 있고 내가 뿜어내는 담배연기가 내가 살고 있는 지역의 공기에 독성물질과 발암물질을 증가시키고 있다는 것도 숙고하기 바란다.

유감 남긴
'담배 판결'

이번 담배소송에서 법원은 흡연과 폐암의 인과관계, 제조물의 결함, 니코틴 의존성에 관하여 모두 증거부족을 이유로 원고 청구를 기각했다. 그러나 법원의 판단은 이를 뒷받침하는 증거를 무시한 판결이다. 우선 흡연과 폐암의 인과관계에 대해 법원은 역학 인과관계는 인정되나 원고들의 폐암이 피고의 담배로 인한 개별적 인과관계 증거가 부족하다고 판시했다. 그러나 흡연과 폐암의 인과관계를 밝히는 방법은 8가지 조건을 충족하는 역학적 방법에 의해 증명되며 역학적인 인과관계는 의학적 인과론이다.

8가지 조건은 시간적 선후 관계, 동물 실험, 환자 대조군 연구, 코호트 연구(Cohort study), 흡연량과 폐암의 상관 관계, 담배 속의 수천가지 화학물질, 금연율과 비흡연자 사망률, 흡연율과 폐암 사망률의 각 상관관계를 말한다. 흡연과 폐암의 인과적 관련성은 이 8가지 조건을 완벽하게 충족하고 있으며, 명백한 사실로 인정되고 있다. 이러한 의학적 인과론에 따라 원고들 중 편평상피암과 후두암에 걸린 4명의 경우 흡연이 '가장 주요한 원인'이라는 감정 결과가 나왔다. 의학적으로 질병의 유일한 원인을 밝히는 것은 불가능하고 주요 원인을 밝히는 것이 의학적 인과론이라는 것을 감정인도 인정했다. 따라서 의학적으로 주요 원인이 증명되면 인과관계를 인정하는 것이 지금까지 법원의 판례였고, 담배소송에서도 원고들의 폐암의 주요 원인이 흡연이라는 것이 밝혀졌는데도 개별적 인과관계를 인정하지 않은 것은 여간 잘못된 판결이 아니다.

둘째, 법원은 피고들이 담배의 니코틴과 타르 함유량을 낮추려고 노력해왔기 때문에 담배가 품질상 안전성을 갖추지 못했다고 보기 어렵고, 흡연과 폐암의 관련성에 대한 언론 보도가 있어 공지의 사실이므로 피고가 1989년 이전에 폐암 경고를 하지 않아도 표시상 결함이 있다고 할 수 없다고 판시했다. 그러나 담배 속에는 4,000종의 독성 물질과 40여 종의 발암 물질이 들어있고 국제암연구기구(IARC)에서 담배를 1급 발암 물질인 '1군'에 포함했다. 피고는 담배연구문건에서 1960년대부터 흡연이 폐암을 일으키는 것을 알았고, 1970년대부터는 담배 속의 발암 물질을 집중적으로 분석한 증거 자료가 나와 있다.

담배 속의 수십 종의 발암 물질이 폐암 등 각종 암과 심장병 등 각종 질환을 일으킨다는 사실은 과학적으로 명백히 입증되어 있다. 그런 담배가 어떻게 품질상 안전성을 갖춘 제조물이라고 할 수 있는가. 더구나 담배 속의 구체적인 발암 물질과 폐암 유발 사실을 담배 제조자가 직접 소비자에게 경고한 사실이 없어도, 언론 보도가 있었다는 이유만으로 제조자의 책임을 면책시켜 주는 판단은 다른 유해 제조물업자와 비교할 때 담배 회사에 대해 특혜를 준 것이나 다름없다.

셋째, 니코틴 의존성은 인정되나 상당 부분이 심리적인 것이고, 흡연은 니코틴 의존에 기인한 행위가 아니고 자유의지에 의한 선택이라고 판단한 것은 의학적 증거 자료를 완전히 무시한 것이다. 담배소송에 제출된 니코틴에 관한 세계적으로 권위 있는 보고서들과 의학 논문들, 정신과 교과서, 전문가 증언은 니코틴이 헤로인·코카인과 동일한 중독물질이며, 의존성 면에서 니코틴이 가장 높고, 니코틴의 중독 과정은 마약중독의 패턴 과정과 같다는 것을 증명하고 있다. 그리고 장기 흡연자의 반복 흡연 행위는 니코틴 약물의 존행위로서 자유 선택이 아니며, 최초 금연 성공률은 5%에 불과하고 금연보조제를 사용해도 최종 금연 성공률이 40~50%이며, 자발적 의지가 불가능한 의존성이 생길 수 있다는 것을 증명하고 있다. 그런데도 이러한 증거를 모두 무시하고 흡연 행위를 심리적인 것이고 자유 의지라고 판단한 것은 법원의 독단이라고 비난하지 않을 수 없다.

담배소송에 관한 법원의 판단은 과학계의 무수한 증거들을 배척하고 담배회사의 주장만을 그대로 판결에 반영한 것으로 유해 제조자를 보호하고 소비자의 보호를 외면한 판결이다. 이렇게 잘못된 판결은 반드시 항소심에서 파기되어야 한다.

담배소송 판결에
이의 있다

　　　　　7년을 끌어오다 결론이 난 담배소송 판결은 흡연과 폐암의 인과관계와 니코틴 중독성에 대한 과학계의 의학적 지식을 부정했을 뿐 아니라, 제조물 사건에서 법원이 취해온 입증 책임의 분배와 제조물의 결함에 관한 기준을 담배에는 적용하지 않았으며, 소비자보다 유해 기업을 보호했다고 정리할 수 있다.

　　먼저 흡연과 폐암의 인과관계에 대해 법원은 역학적 인과관계는 인정되지만, 원고들의 폐암이 피고의 담배로 인한 것임을 입증하는 개별적 인과관계에 관한 증거가 부족하다고 판시했다. 그러나 흡연자가 폐암에 걸렸을 때 그 원인이 흡연인지를 밝히는 인과

관계는 역학적으로 입증할 수 밖에 없다. 또한 흡연과 폐암 사이의 인과관계는 수만 건의 연구결과 의학적으로 명백한 사실임이 입증됐다.

원고들은 40종 이상의 발암물질이 포함된 담배를 지난 30년 이상 피웠으며, 흡연이 80~90% 원인을 차지하는 후두암과 폐암 중 편평상피암 판정을 받았다. 감정 결과도 원고들의 후두암과 폐암의 '가장 주된 원인'이 흡연이라고 했다. 의학적으로 가장 중요한 원인이 밝혀지면 인과관계를 인정하는 것이 법원의 판례였는데, 담배소송에서는 이러한 인과관계를 전혀 인정하지 않았다.

법원은 피고가 니코틴과 타르 함유량을 낮추려고 노력했다는 이유만으로 담배가 품질상 안전성을 갖추지 못한 제조물이 아니라고 판정했다. 그러나 국산 담배는 지난 30년간 외국산 담배보다 타르와 니코틴 수치가 현저히 높았고, 원고들은 지금보다 타르와 니코틴 수치가 4배 높은 독한 담배를 피웠다. 담배에는 지금도 4,000종의 독성물질과 40종 이상의 발암물질이 포함돼 있으며, 국제암연구기구(IARC)에서는 담배를 1급 발암물질에 포함시켰다. 저타르, 저니코틴 담배라도 실제 흡연자가 흡입하는 타르와 니코틴 총량에는 변함이 없기 때문에 유해성이 낮아지는 것은 아니다.

또한 피고는 적어도 1989년 이전에는 담배가 폐암을 유발할 수 있다는 사실을 경고한 적이 없다. 피고는 60년대부터 담배가 폐암을 유발한다는 사실을 알고 있었으며, 70년대부터는 내부 연구소에서 담배 속의 발암물질을 구체적으로 분석해 암 유발 사실을 파악하고 있었다. 피고가 소비자에게 경고한 문구는 '건강을 위해 지나친 담배를 삼갑시다'가 전부다. 소비자는 통상 하루 한 갑 이상의 담배를 피우는데, 하루 한 갑의 담배를 20년 이상 피우면 폐암에 걸릴 수도 있다. 그런데도 법원은 이러한 수준의 경고를 '충분한 경고'라고 인정했다.

심지어 법원은 제조자가 직접 경고하지 않아도 여러 언론에서 흡연의 유해성을 언급했기 때문에 피고의 책임은 없다고 했다. 법원은 언론보도 자료를 판결문에 첨부했는데 1년에 몇 차례, 많아야 수십 차례 드문드문 보도한 내용을 소비자가 모두 알고 있는 자료라고 했다.

세계적으로 권위 있는 보고서와 의학 논문, 정신과 교과서, 전문가 증언에 따르면 니코틴은 헤로인, 코카인과 동일한 중독물질이다. 이 가운데 니코틴에 대한 의존성이 가장 높으며, 니코틴의 중독 과정은 마약 중독의 패턴과 같다고 증명하고 있다. 그리고 장기 흡연자의 반복 흡연은 니코틴에 대한 의존 행위이지 결코 자유 선택이 아니라고 했다. 그런데도 법원은 세계적으로 권위를 인정받는 자료보다는 피고 측의 증인으로 나온 치매전문 의사의 증언을 더 신뢰해, 담배는 자발적인 의지로 언제든지 끊을 수 있으며 흡연자가 30분마다 담배를 피우는 행위는 의존에 의한 것이 아닌 '자발적인 행위'라고 판단했다.

이처럼 이번 담배소송에서 법원은 모든 사안에 있어 담배 제조회사를 강력히 보호하는 논리로 일관했다. 사건을 맡은 변호인으로서 안타까움을 느낀다.

영화 '인사이더' 주인공 제프리 와이겐드 박사(Dr. Jeffrey Wigand)와 함께

담배문제,
인식전환이 필요하다

담배문제에 있어서 우리나라는 세계적 흐름에 역행하고 있다. 사법부는 국민의 건강권 보다는 유해기업을 더 보호하고, 정부는 국민의 건강보다는 담배 판매로 얻는 세수에 더 관심이 많은 나라다.

우리나라는 담뱃갑에 부착하는 경고문구를 보건복지부가 아닌 재경부 국고국이 정하고 있다. 재경부 국고국은 담배가 많이 팔리도록 하기 위해 담뱃갑의 경고문구를 세계적 흐름에 반하여 더욱 완화한 것을 채택한다.

세계보건기구는 질병문제에 있어서 최대의 적이 '담배'라는 것을 인식하고 담배를 강력히 규제하고 지구상에서 추방하기 위한 목표로 담배규제협약을 만들었다. 현재 추세로 가다가는 담배 때문에 죽는 인구가 2020년에는 1년에 1,000만 명이 된다고 한다. 전쟁, 자연재해, 교통사고, 에이즈 등 어떠한 질병을 합친 것보다도 담배가 인류를 가장 많이 살상하는 무기라는 것이 확인되고 있다. 우리나라도 담배 때문에 죽는 인구가 연간 4만 5,000명에 육박하고, 담배로 인해 유발되는 폐암이 사망률 1위가 되었다.

담배의 피해가 이토록 심각함에도 우리나라는 이에 대한 인식이 낮다. 흡연과 폐암의 인과관계는 수만 건의 연구결과로 명백하게 과학적으로 밝혀진 것임에도 우리나라 법원은 담배를 수십년 간 피우다 폐암에 걸려도 인과관계를 인정하지 못한다고 하였다. 담배의 니코틴은 헤로인, 코카인과 동일한 마약물질이며, 흡연자의 반복 흡연행위는 니코틴이라는 약물의존행위라는 것이 의과대학 교과서에도 실리고, 전세계적으로 권위있는 보고서에서 밝히고 있는데도 우리나라 법원은 이를 인정하지 않았다.

자동차를 제조하는 기업이 고의로 결함있는 자동차를 제조하면 감옥에 갈 뿐만 아니라 소비자에게 엄청난 손해배상을 해야 한다. 그러나 담배회사는 담배 속에 수백 종의 첨가물을 소비자 몰래 첨가하여 더욱 해로운 제품을 만들어도, 4,000종의 독성물질과 40여종의 발암물질이 함유된 담배를 고의적으로 제조·판매하여도 감옥에 가기는커녕 소비자에게 민사배상책임도조차 지지 않는다.

담배는 담뱃잎을 말려서 그대로 자연상태대로 소비자가 흡연하는 것이 아니라 수백 종의 첨가물을 넣고 니코틴 흡수율을 높이는 공법을 사용하는 등 고도의 제조공정을 거쳐서 제조하는 제조물이다. 첨가물과 담배가 함께 타면서 4,000종의 독성물질이 발생하여 소비자의 건강을 더욱 해치는 것이다. 그런데도 우리나라 사법부는 담배회사가 담배속의 유해물질이나 발암물질을 소비자에게 경고하지 않아도, 담배 속에 무슨 첨가물을 넣는지 밝히지 않아도 소비자에게 책임이 없다고 판단했다.

국민의 건강권은 헌법상 권리임을 정부와 사법부가 뼈저린 인식을 하였으면 한다. 담배문제에 있어서 총체적 인식전환이 절실히 필요하다.

JTBC

건보공단 담배소송 준비

Q 법적으로 담배회사에 책임을 물을 수 있나?

배금자 변호사

담배소송, 승소가능성 있나?

"KT&G 내부 문건이 충분히 공개되면 담배회사의 위법성을 인정한
새로운 판례가 나올 수 있다."

(2014년 4월 16일 JTBC 뉴스 9 인터뷰 중)

담배소송 험난하지만
진실이 승리할 것

        B&W 내부 문건은 담배가 치명적이라는 사실을 담배회사가 알고 있었으면서 소비자의 건강과 안전은 전적으로 무시했으며, 오히려 니코틴 중독성을 강화하기 위해 각종 첨가물을 사용했고, 변호사들이 과학을 왜곡하고 진실을 은폐하여 회사 내부 서류를 조작했다는 것을 명백히 보여주고 있었다. 나는 더 이상 내 양심의 무게를 감당하기 어려웠으며 B&W의 내부 문건을 CBS 〈60분〉프로그램을 통해 대중에게 알리기로 결심했다.

    CBS는 1995년 8월 5일 예정인 방송이 나갈 때까지 나와 내 가족의 안전을 책임질 것을 보장했다. 그러나 B&W는 나의 인터뷰 사실을 알아버렸고 CBS에 방송이 나가면 나와 B&W사이의 비밀준수약정을 침해한 불법행위 책임을 물어 수십억 달러의 손해배상소송을 제기하겠다고 협박했다. 아이러니컬하게도 당시 CBS의 대주주는 미국 7대 담배회사의 하나인 Lorillard 담배회사 CEO의 부친이었다. 미국 7대 담배회사의 CEO들은 1994년에 의회에서 "담배가 폐암을 일으킨다는 사실을 자신들도 알지 못했고, 니코틴은 중독성이 없다"라고 허위 증언을 했다. 이로 인해 7대 담배회사 CEO들은 미 법무성으로부터 위증에 대한 조사를 받고 있었다.

결국 CBS는 B&W의 협박에 굴복해 나의 인터뷰 방송을 취소했고, 뒤이어 B&W의 나에 대한 보복이 시작됐다. B&W는 비밀약정위반을 문제 삼아 나를 상대로 캔터키주 법원에 소송을 제기했다.

그후 나와 내 가족에 대해 매일 무수한 협박이 쏟아졌다. 이메일을 열 때마다, 집 우편함을 열 때마다, 자동차 문을 열 때마다 각종 협박성 메시지가 전달됐다. 경찰이 신변을 보호해 주었지만 협박은 계속됐고 범인을 찾을 수 없었다. 그 무렵 미시시피 주 정부가 담배회사를 상대로 제기한 민사소송에서 나를 증인으로 신청해 소환장이 왔다. B&W는 내가 미시시피주 법원에서 증언하지 못하도록 미시시피주 대법원과 캔터키주 지방법원에 나에 대한 증인심문을 금지해 달라는 신청을 했다. 그러나 미시시피주 대법원은 B&W의 신청을 기각하고 나의 증언을 허락했다.

내가 증언을 하러 미시시피주로 갔을 때 나의 변호사와 동행했는데, 밤새도록 주경찰이 나와 변호사를 경호했다. 내가 4시간에 걸친 증인 심문을 받는 동안에도 담배회사의 협박은 계속됐고, 법원은 나의 신변 보호를 위해 나의 증언 내용을 봉인했다.

1996년 1월 미시시피주 지방법원에서의 나의 증언 내용을 〈월스트리트저널〉에서 입수하고 이를 신문 1면에 크게 보도했다. B&W가 이를 막기 위해 갖은 협박을 했지만 〈월스트리트저널〉은 보도를 강행했다. 그러자 B&W는 사설탐정과 대형 로펌들을 동원해 나의 과거를 낱낱이 조사해 최대한 나를 나쁘게 보이도록 악의적으로 작성한 무려 500페이지에 달하는 문건을 언론 등에 배포했다. 이와 동시에 나와 내 딸을 죽인다는 협박장이 우리집 우편함에서 발견됐다.

B&W가 나를 상대로 캔터키주 지방법원에 제기한 소송은 1997년 1월에 종료됐다. 49개 주의 법무부 장관들이 담배회사들을 상대로 제기한 소송에서 3만 6,680억 달러의 배상을 받는 최종합의(MSA)가 마무리될 무렵, 주법무부 장관들은 B&W가 나에 대한 소송을 취하하지 않는다면 협상을 하지 않겠으며 모든 주에 소송을 제기할 것이라고 협박했다. 이에 B&W는 주정부들과의 협상의 조건으로 마지 못해 나에 대한 소송을 부랴부랴 취하했던 것이다.

그 후로 나는 담배의 진실에 대해 자유롭게 얘기하게 되었고 담배의 위험성을 알리는 금연운동가로 활동하게 됐으며, 진행중인 여러 담배소송에도 증인으로 출석했다. 나는 WHO를 비롯한 CDC 등의 기구에도 담배회사의 불법성에 대해 보고했다. 내부 고발자가 된 후 내가 그간 4년간 겪은 시련은 말로 다하기 어렵다. 내가 B&W를 그만뒀을 때까지 내가 받은 우수한 업무평가 성적에도 불구하고 나는 평생 처음으로 직업을 구하는 데 어려움을 겪었다. 나는 그동안 내부고발자보호법에 따른 보호를 충분히 받지 못했다.

나는 담배회사 변호사들이 회사 서류를 사전 검토해서 파기하는 것을 목격하고, 담배회사 임원들이 담배의 발암물질을 알면서도 단지 판매 감소를 우려해 이를 제기하지 않은 것을 보면서 내부 고발자의 길을 걷게 됐다. 만약 내가 나의 가족에 대한 우려와 보복에 대한 두려움이 없었더라면 좀 더 일찍 내부 고발자가 될 결단을 내렸을 것이다 (www.jeffreywigand.com).

영화 〈인사이더〉는 위건드 박사가 내부 고발 과정에서 겪은 협박과 CBS가 위건드 박사의 인터뷰 내용을 〈60분〉 프로그램에서 내보내기로 제작을 완료한 후 거대 담배회사 B&W의 협박에 굴복해 방송을 내보내지 않게 된 과정을 다루고 있다. 제프리 위건드 박사 역은 러셀 크로우가, 〈60분〉의 피디 로웰 버그만 역은 알 파치노가 열연했고 이 영화는 아카데미상 7개 부문에 노미네이트됐다.

위건드 박사는 2003년 9월 한국을 방문했는데 필자는 보건복지부 공무원과 함께 공항 귀빈실로 나가 위건드 박사를 환영했고 가톨릭의대에서 기자회견을 열었다. 위건드 박사는 미국과 같이 내부고발자보호법이 잘돼 있는 나라에서도 내부 고발자가 된 후 엄청난 협박과 핍박을 당했다. 이 사건은 담배회사가 내부 비밀의 폭로를 막기 위해 미국 3대 방송사에 해당하는 공중파 방송국에까지 협박해 방송을 중단시킬 정도의 막강한 위력을 발휘하고, 법정 증언을 막기 위해 온갖 비열한 수단을 동원하는 담배회사의 악랄한 행위를 잘 보여주고 있다.

미국의 담배회사들은 담배소송을 제기한 원고 측 변호사들에 대해서도 그동안 온갖 추악한 짓을 해 소송을 취하시키곤 했다. 사설탐정을 고용해 변호사의 사생활을 조사하는 등 약점을 잡아 협박하는 수법과 온갖 이의신청을 남발해 소송 비용을 감당하지 못하도록 만들어 원고측 변호사를 파산시켜 소송을 취하하게 하는 전략이 주된 방법이었다.

9년째 담배소송을 진행하면서 필자가 겪은 이해할 수 없는 이상한 일들에 대해서도 '한국의 담배소송 전개 과정'을 소개할 때 얘기하고자 한다. 전문가들이 쉽게 돈에 매수되고, 언론이 광고주로부터 자유롭지 못하고, 국회의원들이 담배회사의 돈 앞에 맥을 추지 못하고, 사법부가 소비자 보호보다는 마약회사 이권 보호에 앞장선다면 한국의 담배소송은 힘들 것이다.

필자가 1999년 한국에서 담배소송을 시작한 이래 위건드 박사와 같은 담배회사의 내부 고발자를 기다렸지만 지금까지 9년째 한 명의 양심선언자도 없다. 수년 전에 옛 한국담배인삼공사에 근무했다는 어떤 남자가 전화를 걸어와 내부 고발의 뜻을 비춘 적은 있었지만 동료들로부터 따돌림을 당할까봐 용기를 내지 못한다고 했다.

그러나 필자는 희망을 잃지 않는다. 한국에도 양심적인 전문가들, 제 기능과 역할을 하는 언론과 국회의원들, 정의로운 사법부가 있다면 소비자의 권리와 진실이 승리할 것이라고 믿는다.

영화 '인사이더' 주인공
제프리 위건드 박사(Dr. Jeffrey Wigand)와 함께한 기자회견

담배회사는 그동안 무슨 짓을
해왔는가

1994년부터 공개되기 시작한 미국 담배회사의 내부 문건은 베트남전쟁에 대한 정부내부의 우려를 담고 있던 펜타곤(Pentagon) 문서와 같이 지난 30년간 담배회사가 대중에게 취해온 표면적인 태도는 속임수였다는 것이 드러났다. 담배회사의 내부 문건을 보면, 담배가 암을 유발하고 여러 질병의 원인이 되며 니코틴은 중독성 약물로 흡연자들이 흡연을 하는 주원인이 니코틴의 약리적 작용 때문임을 너무도 잘 알고 있었다. 그런데도 담배회사들은 자신들의 사업을 지키기 위하여 과학적, 법적, 정치적 방법을 총동원하여 대중과 정부를 상대로 담배의 해악성과 중독성을 숨겨왔다.

흡연이 폐암과 다른 질병을 일으킨다는 본격적인 과학 연구 결과는 1950년대 초반부터 나오기 시작했다. 1960년대에 나온 영국과 미국 두 정부의 보고서는 담배회사들에게 큰 타격이 되었다. 1962년 영국의 〈The Royal College of Physicians〉 보고서와 1964년 미국 보건위생국장이 발표한 〈The Surgeon General〉 보고서에서 "흡연은 폐암의 원인이 된다"는 결정적인 결과를 내놓자 흡연가들에게 암 공포가 확산되고 담배회사들은 위기에 직면했다. 이때부터 담배회사들은 소비자들이 제기할 소송과 정부 규제에 대해 걱정하기 시작했으며, 생존 전략을 모색하며 적극적으로 합동 방어 전략을 구축했다.

첫째로, 담배회사들은 정부 보고서를 무력화하고 흡연과 질병과의 관계는 아직 과학적으로 증명되지 않았다며 대중을 현혹할 목적으로 합동으로 담배연구소(TIRC, CTR)를 설립했다. 담배회사들이 이 연구소를 설립하면서 대중에게는 흡연과 건강에 관한 진실을 밝히기 위해 자신들도 최선을 다하고 있다고 공표했다. 그러나 담배회사는 이 연구소를 통하여 흡연이 폐암이나 심장 질환을 일으킨다는 결정적인 증거가 없고, 흡연의 해악성에 대해서는 아직 논란이 있다는 주장을 끊임없이 계속했다.

둘째로, 담배회사들은 저타르와 필터 담배 등 신제품을 출시하고, 이들 새로운 담배는 과거의 담배보다 건강에 유익하다는 등 건강 지향적인 이미지 광고를 대대적으로 하면서 소비자들을 현혹하는데 몰두했다. 그러나 담배회사들의 내부 문서를 보면, 새로 출시된 담배는 PR(광고)목적으로 개발된 것이며 실험 결과 실제로는 전혀 덜 해로운 것이 아니라는 것을 담배회사들은 알고 있었다. 담배회사들은 흡연자들을 중독 상태로 붙잡아두기 위해서 니코틴을 전달하되 유해물질을 제거해 보다 '안전한 담배'를 연구하는 작업을 비밀리에 진행했다.

담배회사들은 1960년대와 1970년대를 통해서 '안전한 담배' 개발을 진행했으나 최종적으로는 실패했다. 담배회사들이 니코틴 중독 효과를 높이기 위해 담배 제조과정에 의도적으로 니코틴을 추가하거나 담배에 많이 첨가하는 첨가물질 때문에 유해물질을 제거하는 것이 불가능해 '안전한 담배' 개발을 포기한 것이다. 그 후 담배회사들은 소송에 대한 기업들의 책임을 최소화하기 위해 건강 관련 연구에 대한 결정권을 변호사들에게 넘겨주었다. 담배회사들은 자신들의 자체 실험에서 담배의 타르가 동물에게 암을 유발한다는 사실을 증명했고 담배가 각종 질병을 일으키고 중독성이 있다는 자체 연구 결과가 축적되었음에도 변호사들의 지시에 따라 관련 자료를 파기하거나 은닉하고 흡연이 질병을 일으키고 중독성이 있다는 사실을 부인했다.

셋째로, 담배회사들은 위 정부 보고서 발간 이후 소비자들이 담배회사를 상대로 담배의 위험성에 대해 경고하지 않은 것에 대한 소송을 제기하는 것을 막을 방법을 연구했다. 담배업계는 미래의 소송에서 자신들을 보호하기 위해서 자발적으로 경고 문구를 자신들의 제품에 삽입할 것을 제안했다. 만약 담배업계가 경고 문구를 삽입한다면 미래의 변론에서 성공을 거둘 수 있다고 보았다. 담배회사는 경고 문구의 내용과 수준에 대해서는 최대한 약하고 추상적으로 표현해서 법적 책임에서만 큰 혜택을 보는 방법을 강구했고 이를 위한 정치적 로비를 대대적으로 진행했다.

넷째로, 담배회사들은 니코틴의 중독성을 잘 알고 있었으면서도 담배에 중독성이 없으며 흡연은 개개인의 자유 의사라는 주장에 열을 올렸다. 이는 니코틴 중독성을 부인해 흡연자들이 흡연으로 질병에 걸렸을 때 그 책임을 흡연자들에게 돌리기 위함이다. 만약 담배업계가 니코틴이 중독성이 있다는 것을 인정한다면, 사람들이 자신의 자유의지에 의해 흡연을 하며, 원하면 언제든지 끊을 수 있다는 자신들의 주장을 할 수 없기 때문이다. 또 만약 업계가 니코틴의 중독을 인정한다면, 더 많은 규제를 받을 것을 알고 있었기 때문이다. 식품, 의학, 화장품 법령하에서 음식을 제외한 물질이 인체의 구조나 기능에 변화를 가져올 경우 FDA 규제를 받아야 한다. 중독을 일으키기 위해 첨가된 니코틴은 분명 마약으로 분류되

며, 니코틴을 함유하고 있는 담배도 마약이나 마약 전달 기구로서
규제를 받아야 하기 때문이다.

"담배의 중독성은 법정에서 폐암환자의 변호인들에게 가장 강
력한 무기가 된다. 만약 폐암환자가 담배에 중독되어 계속해서 담
배를 피울 수밖에 없었다고 한다면 우리는 선택의 자유라는 논지
로 반론을 제기할 수 없다."

1994년 미국 하원의 청문회에서 미국의 7대 담배회사 사장들이
한결같이 니코틴은 중독성 물질이 아니라고 허위증언을 했다.

담배회사가 이와 같이 니코틴 중독성을 부인하고 금연은 언제
든지 가능하며 흡연은 개인의 자유의지라는 주장을 펼치는 것과
달리 내부적으로는 혈액과 뇌에 니코틴이 더욱 빨리 흡수되고 깊이
도달해 흡연자들이 쉽게 니코틴 중독에서 벗어나지 못하게 하는데
몰두했다. 1988년 〈The Surgeon Genera〉 보고서가 니코틴의
중독성에 대해 발표하자, 담배회사들은 '니코틴 중독은 쇼핑 중독
이나 인터넷 중독'과 비슷하다면서 중독의 의미를 왜곡하고 있다.

미국에서는 매해 42만 명이 담배로 인해 사망하며, 우리나라도
1년에 5만 명이 담배로 사망하는 것으로 집계되고 있다. 담배가 주
원인인 폐암으로 인한 사망자가 우리나라에서도 1년에 1만 3,000
명이나 되며, 폐암이 사망률 1위가 되었다. WHO는 2020년이 되
면 담배로 인한 사망자가 1년에 1,000만 명이 된다고 예고했다.

담배로 인한 사망은 알코올 남용, 교통 사고, 살인 사건, 자살 등 모든 사망자 수를 합친 것보다 많다. 인류에게 재앙을 주는 담배에 대해 WHO가 나서서 담배규제협약을 제정했고, 담배를 불법화하기 위한 단계에 착수했다.

담배회사들은 지금까지 담배의 제조 과정에서 무슨 짓을 해도 괜찮은 절대적인 치외법권의 혜택을 누려왔다. 담배회사들은 담배가 사람들의 목숨을 앗아간다는 수많은 과학적인 자료에도 불구하고 정부의 규제를 피해가는 탁월한 능력을 발휘했을 뿐만 아니라 법조인과 정치가, 과학자, PR 전략을 통해 대중을 혼란에 빠뜨리고 자신들이 야기한 죽음에 대한 책임을 면하려고 하고 있다. 지금도 세계 굴지의 다국적 기업 담배회사들은 WHO의 담배규제협약을 무력화하기 위해 각종 로비를 전개하고 있다.

담배는
인권 문제

담배회사의 책임을 묻는 담배소송에서 미국의
법원은 담배회사를 '사악하다' '조직범죄의 불법행위를 하였다' '반
세기에 걸쳐 거대한 사기행각을 하였고, 무수한 사람들을 죽였다'
'역사상 어떠한 피고 회사들보다 비난받을 정도가 높다'고 하고,
담배를 '살인물품'이라고 판결문에서 표현하는 일이 흔하다. 담배
회사에, 흡연피해자에 대한 책임이 있다는 것은 이미 미연방대법원
판례로 정립되었다.

미국에서는 정부도 담배회사를 상대로 소송을 제기하고, 사법
부는 담배회사에 거액의 징벌적 배상을 선고하여 담배회사를 응징

하고 있다. 입법부와 행정부도 담배를 중독성 마약물질로 규정하고 FDA에 니코틴에 대한 규제권한을 부여하였다.

담배연기 속에 4,000종의 독성물질과 40여종의 발암물질이 있으며, 20여 종이 A급 발암물질이라는 것은 세계보건기구 국제암연구소 등에서 공식적으로 밝힌 결과다. 지구상에서 합법적으로 판매되는 제품 중에 이 정도로 발암물질과 독성 덩어리로 이루어진 것이 없다. 흡연자가 이러한 발암물질 덩어리를 몸속에 한 시간 간격으로 깊숙이 주입하는 행위를 되풀이하는 흡연행위는 담배회사가 흡연자를 빠져나가지 못하도록 담배의 중독성을 강화하였기 때문이다.

저타르, 저니코틴 담배는 기계로 측정한 수치일 뿐 흡연자에게는 이미 중독된 양의 니코틴을 채우기 위해 담배를 더 자주, 더 많이 빨기 때문에 아무런 의미가 없고 담배회사의 판매량만 올려줄 뿐이다. 세계보건기구는 저타르, 저니코틴 담배의 표기를 금지하였고, 미국에서도 이 표기는 소비자 사기로 인정되어 금지되었다.

담배의 피해가 심각하기 때문에 세계보건기구는 담배규제협약을 만들어 담배를 강력히 규제하는 작업에 착수하였다. 세계보건기구는 '담배는 의도하는 대로 사용하면 사람을 죽이는 상품'이라고 정의하고, 담배가 전 세계적으로 매년 540만 명을 죽이고 있으며 어린이와 여성, 저소득층이 담배회사의 사냥감이 되고 있다고 하였다. 지구에서 발생하는 어떤 전쟁, 재난에서 죽는 숫자보다 담배 희생자 수가 더 많다.

담배규제협약은 담배의 니코틴 조작 금지 및 니코틴의 규제, 담배 첨가물 규제 및 첨가물의 공개, 여성과 어린이 대상 마케팅 금지, 담배광고의 규제, 담배를 사업으로 장려하는 법의 폐지, 담배회사에 대한 소송의 장려, 담배회사의 돈은 피해자에 대한 배상금으로 사용되어야 하며, 장학금·후원금 등의 명분으로 담배회사가 돈을 제공하는 것을 금지하는 것 등을 각 비준국이 이행하도록 하고 있다.

우리나라에서 담배가 일으킨 폐암이 사망원인 1위로 연간 1만 5,000명에 달하는 폐암과 후두암의 경우 90%가 흡연자에서 발생한다. 담배 관련 질병 사망자는 연간 5만명 안팎으로 추계되고 있다. 청소년이 담배를 피울 경우 폐암 발병 위험성이 성인에 비해 3.5배가 높고, 여성의 흡연 피해도 크다.

우리나라는 심각한 담배 문제에 대해서 인권단체와 여성단체가 침묵하고 있으며, 담배규제협약 비준 국가이면서 우리 국회와 정부는 담배산업을 장려하고, 담배회사의 법적 책임을 묻는 소송에 무관심하며, 담배회사의 돈은 후원금 등 각종 명목으로 살포되고 있다. 저타르, 저니코틴 담배가 사기임에도 버젓이 표기가 허용되고, 식품이나 약품에 들어가는 첨가물은 소비자의 생명, 신체에 유해한 것을 사용할 수 없으며 첨가물의 정보를 공개하도록 되어 있지만,

담배에 첨가되는 첨가물은 담배회사가 인체 안전 테스트도 없이 마음대로 사용할 수 있고 무슨 첨가물을 사용하는지도 공개할 필요도 없게 되어 있다.

담배는 직접 흡연자 뿐만 아니라 비흡연자의 건강을 위협하고, 어린이와 청소년, 여성, 우리 국민 모두의 생명, 신체를 훼손한다. 담배회사가 중독성을 극도로 높여 금연을 어렵게 하고 폐암 등을 유발해 자국민을 대량 죽음으로 내몰고 있는데, 이보다 더한 대량 인권침해 사례가 어디 있는가? 담배 문제를 인권 문제로 바라보는 국가적, 국민적 인식 전환이 조속히 이루어져야 한다.

Richard Boeken V Philip Morris.INC 사건에서 30억 달러의
징벌적 배상금을 이끌어낸 Maderlyn J. Chaber 변호사와 함께...

담배회사에
책임을 묻는 이유

지난 6월 수원지법에서는 담배 화재로 아파트와 점포를 불태운 당사자 2명이 증인으로 출석했다. 담배에 침을 뱉어 재떨이에 비벼서 불이 꺼진 것을 확인하고 꽁초를 버렸는데도 담뱃불이 재발해 화재가 일어났다고 증언했다. 재판의 주요 증언을 요약하자면 담배회사가 담배 속에 다량의 연소촉진제를 첨가해 담배를 피우지 않아도 끝까지 타들어가도록 설계한 것을 몰랐다는 것이다.

또 담배회사가 국내용은 화재위험이 높은 일반 담배만을 제조 판매하지만, 수출용은 화재 안전담배를 제조해 판매한다는 사실

담배소송, 결국 이긴것!

KT&G는 지난 2005년부터 꽁초를 버릴 경우 일정조건하에서 10초안에 불이 꺼지게 돼 있는 화재안전담배(일명 저발화성담배)를 미국으로 수출하고 있으나 국내에는 관련 법이 없다는 이유로 시판하지 않고 있다.

2010년 1월 경기도 소송대리인으로 '경기도가 담뱃불 화재로 인한 재정손실을 입고 있다'며 KT&G를 상대로 담뱃불 화재 배상 손해배상 청구소송을 제기했다.

당시 재판부는 공판에서 "KT&G는 미국에 수출하는 화재안전담배 전부 또는 일부를 미국에 수출하는 가격과 동일한 가격(세금제외)과 조건으로 국내 대리점, 총판점, 도매점에 판매 및 출시하라"는 결정안을 제시했지만 거부했다. 이에 대해 경기도측 변호인인 배금자 변호사는 "KT&G의 처사는 법원과 국민을 무시하는 행태로 비난받아 마땅하다"며 "KT&G는 국민의 건강과 생명, 재산을 보호하기 위해 화재안전담배를 선택할 수 있는 권리를 줘야한다"고 강조했다. 이 소송은 화재안전담배 제조가 의무화된 담배사업법 개정의 결정적 역할을 했다.

도 몰랐다는 것이다. 따라서 만약 국내에 화재 안전담배가 출시된다면 이들도 당연히 이런 종류의 담배를 선택할 것이라고 힘주어 강조했다.

경기도가 담배 제조회사를 상대로 낸 이 사건은 담배 화재에 대한 책임을 흡연자가 아닌 담배회사에 묻는 소송이다. 화재 안전담배는 흡연자가 일정한 시간 흡연하지 않으면 저절로 담배가 완전히 꺼지게 설계돼 있는 담배다. 흡연자가 부주의로 꽁초를 떨어뜨린 경우에도 담뱃불이 저절로 꺼지므로 화재를 예방하는 획기적인 기능을 갖고 있다.

그런데도 국내에 판매되는 일반담배는 흡연자가 끽연활동을 중단했는데도 담배 스스로 끝까지 타들어가도록 설계돼 있다. 따라서 타는 부위를 제거하여 꺼진 것처럼 보여도 안에서는 여전히 불씨가 남아 있다가 주변 가연물질에 접촉되면 화재가 발생할 위험이 아주 높은 담배이다.

안전담배를 생산할 수 있는 실력이 있는데도 담배제조 회사가 이를 외면해 흡연으로 인한 말할 수 없는 화재피해를 양산하고 있는 것이다. 외국의 경우 2004년 뉴욕주를 시작으로 미국의 모든 주와 캐나다, 호주 전역에서 화재 안전담배 만을 제조 판매하도록 하는 법률이 제정됐다. 또 유럽연합(EU)의 모든 국가도 2011년부터 화재 안전담배법을 도입하기로 결의했다. 이러한 배경에는 담배회사가 화재 안전담배의 제조기술을 보유하고 있고 화재 안전담배는 일반담배와 맛이나 독성, 가격 면에서 별 차이가 없다는 사실이 밝혀졌기 때문이다.

1997년 미국 CBS 방송의 인기프로 〈60분〉에서는 필립모리스의 '햄릿 프로젝트'를 폭로했다. 그것은 담뱃불을 계속 타들어가게 할 것인지, 타들어가지 않게 할 것인지를 담배회사가 자유자재로 선택이 가능한 수준임을 시청자에게 알린 것이었다.

이후 2003년 필립모리스의 일반담배를 피운 흡연자가 버린 꽁초에서 재발화된 화재로 자동차 안에 있던 어린이가 크게 화상을 입은 사건에서, 피해자 부모는 필립모리스를 상대로 화재 안전담배 제조기술이 있으면서 화재위험이 높은 일반담배를 판매한 것에 책임을 추궁했고 필립모리스는 200만 달러의 배상에 합의했다. 또 캐나다 온타리오주에서도 담배 화재로 청소년 3명이 사망했고 유가족들은 담배회사에 법적 책임을 묻는 소송을 제기했다.

2005년에 발효된 세계보건기구의 담배규제협약에서는 담배회사에 대한 민·형사책임을 추궁하는 법률을 마련하도록 하고 있다. 담배회사에 법적 책임을 추궁하는 것은 이제 시대적 추세가 되었다. 미국과 캐나다 등에서는 정부 차원에서 담배회사를 상대로 한 소송이 활발하다.

경기도가 담배회사를 상대로 담배 화재에 대한 책임을 추궁하는 소송을 제기한 것도 이러한 맥락에서다. 이 사건의 재판부는 담배 회사에 '미국 등에 판매하는 화재안전담배를 국내에도 출시하라'는 화해권고안을 냈지만 담배회사는 이를 단호히 거부했다.

국민의 생명과 안전에는 관심이 없는 것이다. 담배를 피우지 않으면 가장 좋겠지만 수십년 동안 담배에 익숙한 소비자를 마냥 비난할 수만 없는 것이 현실이다. 그렇다면 화재 안전담배는 여러모로 유용하다.

우리나라에 진출한 모든 다국적 담배회사들은 화재 안전담배 기술을 보유하고 있다. 그러나 자국에서는 화재 안전담배만 팔고 우리나라에서는 화재위험이 높은 일반담배 만을 판매하고 있다. 담배회사의 책임을 묻는 이유가 바로 여기에 있다.

화재안전담배는 담배의 연소력을 현저히 감축하여, 담배를 피우지 않고 그냥 두게 되면 10초안에 저절로 꺼지게 설계되어 있는 담배를 말한다. KT&G는 2005년도부터 미국, 캐나다에 화재안전담배만을 제조·판매하여 수출하고 있으면서, 국내용은 화재위험이 높은 일반담배만을 제조·판매하고 있었다. 화재안전 담배의 필요성을 인식하여 경기도에서 필자를 변호인으로 하여 2010년 화재안전 담배소송을 제기하였다. 화재안전 담배의 제조능력이 있음에도 불구하고 이를 외면한 담배회사의 문제를 제기한 **「담배회사에 책임을 묻는 이유」**라는 칼럼(2014년 7월 18일 《국민일보》)을 썼다. 마침내 2015년 7월 **'담배사업법 개정'**으로 화재안전담배 제조가 의무화되었다. 경기도 소방당국과 그 변호인의 화재안전담배 제조를 위한 투쟁이 결국 승리한 것이다.

라면 발암물질은 NO,
담배는 YES인가

우리나라에서 담배 문제는 비정상의 극치라 할
만하다. 나치의 유대인 600만 명 학살에 대해서는 경악하면서 담
배가 매년 540만 명(한국은 5만명 안팎)을 죽이는 것에 대해서는
무관심하다. 세계보건기구(WHO)는 담배를 "담배회사 의도대로 사
용하면 사람을 죽이는 제품"이라고 정의한다. 미국의 법원 판결문
은 담배를 '살인 물품'이라고 표현한다. 반면 우리는 담배를 '기호
품'이라고 한다.

1급 발암물질에 대한 반응을 보자. 라면에서 발암물질 벤조피
렌이 조금이라도 검출되면 당장 회수하고 판매 금지한다. 일반인

의 석면 노출 기회는 담배와 비교할 수 없게 적은데도 강력 대응한다. WHO 산하 국제암연구소가 담배 연기 속에 4,000종의 독성 물질, 40여 종의 발암물질(20여 종은 1급 발암물질)이 있다고 해도 무덤덤하다. 흡연자가 매시간 인체 깊숙이 발암물질 덩어리를 주입하도록 담배를 설계한 담배회사는 기획재정부가 비호한다.

담배 연기에는 가장 강력한 발암물질인 다이옥신, 벤조피렌을 포함한 다환 방향족탄화수소(PAH), 포름알데히드 등이 총집합해 있다. 이 발암물질 대부분은 천연 담뱃잎에 있는 성분이 아니라 연소 과정에서 새로 생성된 물질이라는 것을 미국 환경보호청이 밝혔다. 담배 무게의 약 10%는 첨가물이며, 첨가물의 종류는 약 600종이다. 담배회사는 '맛과 향기'를 좋게 하는 '가향물질'이라고 하나, 첨가물 투입 목적은 니코틴의 중독성과 흡수율을 극대화하는 것이다. 천연 담뱃잎의 니코틴 성분은 중독되지 않지만 제조담배는 헤로인 코카인보다 더한 최강의 마약물질로 변질되었다.

이 때문에 WHO의 담배규제협약(국제조약)은 첨가물을 규제하도록 하고 담배회사의 첨가물을 공개하도록 한다. 미국은 담배를 미국 식품의약국(FDA)에서 관할하고, FDA는 담배에 사용하는 첨가물의 종류를 대폭 규제하며 첨가물을 신고하도록 한다. 미국 법원은 담배회사가 이윤 극대화 목표만을 추구하며 니코틴 조작으로 흡연자를 중독 상태로 유지하여 서서히 죽인다고 판결했다. 판결문은 담배회사에 대해 "역사상 어떤 회사들보다 가장 비난받아 마땅하다" "반세기에 걸쳐 거대 불법행위로 엄청난 사람을 죽였다" "사기 행각을 했다"고 비판했다. 한국은 담배회사가 무슨 첨가물을 사용하여 인체실험을 해도 자유이고, 첨가물로 인해 발암물질과 유해성이 급증해도 규제도 없고 담배회사가 책임진 적도 없다.

담배규제협약은 담배규제의 일환으로 현 법률체계를 활용하거나, 입법조치를 해서라도 담배회사에 민형사 책임을 추궁하도록 하고 있다. 캐나다는 이에 따라 특별법을 만들어 담배회사들을 상대로 흡연 관련 질병치료비 배상청구소송을 한다. 국내법과 같은 효력이 있는 담배규제협약은 담배 광고와 판촉 활동을 금지하고, 담배업계의 후원금을 일절 못 받게 하고 있다. 이는 담배업계의 돈을 받는 정치인과 학자들이 국민 건강을 외면하고 담배업계의 비호세력이 되기 때문이다. 로 타르(low tar), 마일드(mild) 등의 표현(이것은 사기라는 것이 과학계에서 밝혀짐)을 금지하고, 그림을 포함한 경고 문구를 담뱃갑 전체 면적의 50% 이상이 되도록 한다.

호주 등 세계 여러 나라는 담뱃갑 전체에 끔찍한 그림과 경고문구로 가득 채운다. 그런데 우리나라의 보건복지부는 대체 뭘 했는가?

미국 편의점 업계 2위 CVS는 연간 매출액의 16%(약 2조 2,000억 원)가 감소되는 손실을 감수하면서 고객 건강 보호를 위해 담배 판매 중단을 선언했다. 우리는 약국에서도 담배를 판다. 호주의 줄리아 길라드 전 총리는 담배회사들의 공격에 대해 "나는 담배회사들에 겁먹지 않는다"고 했다. 마이클 블룸버그 전 뉴욕시장은 12년 재임 기간에 담배와의 전쟁을 폈다.

한국 최초의 담배공익소송을 15년간 이끈 금연운동협의회 김일순 전 회장, 담배 불법화 입법청원과 헌법소원에 앞장서는 국립암센터 박재갑 전 원장, 담배회사와 소송까지 불사하며 화재안전 담배를 만들도록 하는 입법화에 앞장선 김문수 전 경기도지사, 담배회사에 소송 제기를 선포한 건강보험공단 김종대 전 이사장은 담배의 해악으로부터 국민의 생명을 지키는 영웅이다.

불량식품 등 4대악 근절을 국정과제로 채택한 정부가 매년 국민 5만여 명을 죽이는 담배 문제를 경시하는 것은 참으로 안타깝다.

"KT&G의 내부문건 공개, 600여종의 첨가물이 공개되면
미국과 같은 판례가 나올 것이다.
우리 국민의 건강을 지키고, 세금을 절약하고, 국익과 공익,
그리고 정의에 부합되는 소송으로 반드시 이길 것이다."

1999년 흡연피해자의 권익을 보호하기 위한 공익소송으로 한국 최초의 '담배공동소송'을 제기하였다. 15년간에 걸친 담배소송에서, 담배회사의 내부자료 공개, 담배의 유해성과 니코틴의 중독성에 관한 심각성을 널리 알리고, 소비자 권익을 위한 담배소송의 승소 필요성을 대중에게 널리 인식시키는데 노력하였다.

1차소송에서는 비록 억울하게 패소했지만, 흡연과 폐암의 개별적인 인과관계를 법적으로 인정받는 최초의 성과를 거둔 것은 한국 사법사상 획기적인 일이다. 이런 과정에서 국민들도 대다수가 흡연피해자에 대하여 담배회사의 책임을 인정해야 한다고 인식하게 되었다.

필자가 고군분투하면서 진행해온 담배소송은 국민들의 이러한 의식의 변화를 이끌어 냈으며, 국민건강보험공단 담배소송 제기의 결정적인 힘과 밑거름이 되었다.

| 신문칼럼 / 방송논평 리스트 |

- 아름다운 마음을 가진 사람들(부산일보, 1999. 11. 25)
- 몸만 받들고 마음은 홀대(중앙일보, 1999. 12. 3)
- 깊고 간절한 마음은 이루어진다(샘터, 2000년 1월호)
- 우리가 고쳐야 할 것들(국민일보, 2002. 5. 3)
- 지도층이 워낙 썩다보니(조선일보, 2003. 2)
- 포르노 거부하는 사람들을 위한 변론(부산일보, 1999. 11. 2)
- 인생은 자신이 만든다(알리안츠생명, 2003년 2월호)
- 거짓말 천국(동아일보, 2003. 12. 29)
- 장자의 싸움닭에서 배운다(동아일보, 2004. 3. 19)
- 태산과 바다의 가르침(동아일보, 2004. 6. 4)
- 내 마음 닦기(국민일보, 2011. 10. 17)
- 강북에 사는 행복(The way, 2012년)
- 고결성이 중시되는 사회(동아일보, 2014. 6. 13)
- 어떻게 살 것인가(월간 생명보험, 2014년 10월호)
- 위안부 진상 얼버무리려는 일본(경향신문, 1993. 7. 24)
- 성희롱문제의 본질(세계일보, 1994. 5)
- 가정폭력방지법 제정하라(세계일보, 1994. 5. 17)
- 여성의 취업조건(세계일보, 1994. 6. 17)
- 문민 인권정책 어디로(세계일보, 1994. 8. 25)
- 성희롱 항소심에 대하여(조선일보, 1995. 7. 29)
- 성역할 고정관념을 깨야(조선일보, 1999. 7. 12)
- 노근리와 위안부(중앙일보, 1999. 10. 8)
- 왜, '메건스 로'가 필요한가(중앙일보, 1999.12.31)
- 어린 딸들이 통곡하고 있다(문화일보, 2000. 8. 31)
- 윤락여성의 채무는 무효다(국민일보, 2002. 2. 22)
- 방송진행자 성차별 시정돼야(국민일보, 2002. 6. 4)
- 여성 억압하는 가부장적인 행태(국민일보, 2002. 7. 9)
- 경찰 직무유기 드러난 감금매춘 국가배상판결(한겨레, 2002. 7. 9)
- 외국여성 인권 눈감은 나라(조선일보, 2002. 10. 22)
- 첩과 둘째 부인(동아일보, 2003. 11. 23)
- 시누이에 순종 안한 죄(동아일보, 2004. 2. 6)
- 이혼법정 억울한 여성, 아직 많다(동아일보, 2004. 2. 17)
- 결혼과 돈(국민일보, 2011. 8. 15)
- 혼전계약제, 민법개정안에 포함돼야(동아일보, 2014. 3. 21)
- 혼인, 계약관계로 전락하다(국민일보, 2015. 3. 5)
- 사법정의를 위하여(조선일보, 1999. 1. 20)

• 안락사 논쟁 남의 일 아니다(조선일보, 1999. 4. 22)
• 대법원장 선출 국민검증 강화를(서울경제신문, 1999. 9. 28)
• 우리에게 법이 있는가(중앙일보, 1999. 11. 5)
• 법조계의 환골탈퇴(KBS뉴스해설, 1999. 12. 17)
• 징벌적 배상의 위력(경향신문, 2000. 4. 19)
• 정보 프라이버시 존중돼야(조선일보, 2001. 10. 19)
• 억울함이 많은 나라(국민일보, 2002. 3. 29)
• 피고인 방어권 존중돼야(조선일보, 2002. 4. 8)
• 사법(司法)결함, 이대론 안된다(조선일보, 2002. 11. 18)
• 헌법을 지키지 않은 대통령들(조선일보, 2002. 12. 16)
• 집단소송제 왜 필요한가(조선일보, 2003. 1. 13)
• 검찰 인사위(人事委)부터 구성하라(조선일보, 2003. 3. 10)
• 의뢰인을 보호하라!(한겨레21, 2003. 6. 26)
• '배짱 채무자' 줄이는 길은(동아일보, 2003. 12. 12)
• 소수의견(동아일보, 2004. 5. 17)
• 나이차별 논쟁(동아일보, 2004. 3. 8)
• 전관예우 반드시 없애야(동아일보, 2004. 4. 29)
• 법관 '비리 관행' 심판대에 올려라(주간동아, 2006. 8. 22)
• 사법불신의 가장 큰 문제(BBS논평, 2007. 3. 6)
• 개인정보유출 방지대책 시급하다(BBS논평, 2008. 4. 25)
• 건국60년, 재도약의 기회로 삼자(BBS논평, 2008. 8. 15)
• 집단소송이 보내는 메시지(국민일보, 2011. 9. 19)
국가란 무엇인가(대한변협신문, 2012. 5. 21)
• 법관에게 표현의 자유가 없는 이유(국민일보, 2011. 12. 13)
• 세월호 범죄 혐의자 신원 공개하라(동아일보, 2014. 5. 16)
• 사법부에도 역성혁명이 필요하다(동아일보, 2014. 4. 18)
• 담배로부터의 청소년 보호(담배없는 세상, 1999년 5월호)
• 담배공사 쥐꼬리 건강부담금(한겨레, 1999. 8. 30)
• 담배소송에 깃든 깊은 뜻(샘터, 2000년 5월호)
• 간접흡연의 심각성(경향신문, 2000. 5. 26)
• 유감 남긴 담배 판결(경향신문, 2007. 2. 2)
• 담배소송 판결에 이의 있다(주간동아, 2007. 2. 13)
• 담배문제, 인식전환이 필요하다(불교방송, 2007. 2. 15)
• 담배소송 험난하지만 진실이 승리할 것(Execllence Korea, 2008년 8월호)
• 담배회사는 그동안 무슨 짓을 해 왔는가(Execllence Korea, 2008년 11월호)
• 담배는 인권문제(인권, 2010년 7/8월호)
• 담배회사에 책임을 묻는 이유(국민일보, 2011. 7. 18)
• 라면 발암물질은 NO, 담배는 YES인가(동아일보, 2014. 2. 21)

배변호사 법조인생

정의는
이긴다

인쇄일 2015년 6월 10일
발행일 2015년 6월 15일

지은이 배금자
펴낸이 최종현
펴낸곳 책넝쿨
출판등록 제25100-2014-000031호
주소 서울시 강동구 고덕로 262
홈페이지 http://www.nongmin.com
마케팅 류준걸 최인석 구영일
전화 02-3703-6136 | **팩스** 02-3703-6213
디자인&인쇄 지오커뮤니케이션

© 책넝쿨 2015
ISBN 979-11-952899-7-4 03300